두 번째

맘도 몸도 성경여행

역사서

맘도 몸도 두 번째 성경여행

역사서

맘도 교리 성경 연구소

엮은이: 이석재 신부
김미숙
현상진

엮으면서

<맘도 몸도 첫 번째 성경 여행> 《오경》을 출간한 것은 지난해 7월이었습니다. 이제 <맘도 몸도 성경 여행 두 번째 권>인 《역사서》를 오랜만에 출간하게 되었습니다.

첫 번째 성경 여행책 《오경》에서는 세상과 인류의 기원으로부터 시작된 이스라엘의 역사가 어떻게 아브라함과 이스라엘 성조들의 역사로 이어졌는지 그 내용을 맘도 자료들로 묘사해 보았습니다. 이어 이집트에서의 노예와 같았던 삶을 살던 당신 백성 이스라엘을 이끌어 약속하신 땅으로 인도하시는 하느님의 모습과 광야에서 거룩한 백성으로 다시 태어나기 위해 시련과 역경을 겪어내며 새로운 공동체로 성장해 가는 이스라엘의 모습도 맘도로 묘사했습니다.

이제 두 번째 성경 여행책 《역사서》에서는 여호수아의 인도로 약속된 축복의 땅 가나안에 진입하는 과정에서부터 시작하여 판관 시대, 왕정 시대, 유배 시대를 거쳐 헬레니즘 시대를 마감하는 하스모니아 왕조의 건립과 통치 시기까지의 성경 내용을 맘도 자료로 제시해 보고자 하였습니다.

이 시대를 아우르는 역사서들은 신명기계 역사서와 역대기계 역사서, 그리고 후기 역사서가 있는데, 성서학자들은 《여호수아기》, 《판관기》, 《사무엘기 상권, 하권》, 《열왕기 상권, 하권》 등은 신명기계 역사서로, 《역대기 상권, 하권》, 《에즈라기》, 《느헤미야기》는 역대기계 역사서로 구분하여 주석하고 있습니다. 그리고 이들 역사서에 이어지는 《룻기》, 《토빗기》, 《유딧기》, 《에스테르기》, 《마카베오기 상권, 하권》 등은 후기 역사서로 분류하기도 합니다. 주석 성경에서는 후기 역사서에 대해, 마카베오기를 제외한 다른 네 편의 작품들이 역사적 사실에 대한 정보를 제공하기보다 '신앙의 진리'에 대한 교훈을 주고 있기에 일종의 '교훈 사화'로 분류하기도 합니다.

위의 역사서들은 이스라엘인들이 가나안 땅에 들어가기 시작한 기원전 1230년경부터 유다 가문이 시리아의 셀레우코스 왕조로부터 독립을 쟁취한 시기인 기원전 142~63년까지 1천 년 이상의 긴 시기 동안의 이스라엘 역사를 배경으로 하고 있습니다. 예수님이 이 땅에 오시기 직전까지의 역사라 할 수 있을 것입니다.

이 책은 제1부 <역사서 입문 – 신명기계 역사서 입문>과 각 권 성경 내용 맘도, 제2부 <역대기계 역사서 입문>과 각 권 성경 내용 맘도, 제3부 <후기 역사서 입문>과 각 권 성경 내용 맘도로 편성하였습니다. 각 권 성경 내용 맘도를 읽어 보신 후에는 <묻고 답하기> 문제를 푸시고, 뒤따라오는 <삶에 적용하기> 자료들도 해결해 보시면 성경 본문 이해에 도움이 될 것입니다.

또한 《오경》 책에서 QR 코드를 접속해 맘도 내용 해설을 들을 수 있었던 것처럼 《역사서》에서도 휴대 전화 앱을 이용해 QR 코드를 접속하시면 맘도 자료 해설을 들을 수 있을 것입니다. 아울러 컴퓨터나 휴대 전화에서 유튜브 동영상 검색어 <맘도 성경 여행>을 치시면 맘도 성경에 대한 해설을 들을 수 있도록 배려하였습니다.

책 뒷부분에 <묻고 답하는 성경 여행(50주 주간별 성경 읽기 안내)>은 성경 완독을 하고자 하는 분들을 위해 주간별로 읽을 분량을 제시해 드림으로써 50주 안에 성경 통독을 마칠 수 있도록 편성한 도표입니다. 《맘도 몸도 성경 여행》을 읽으시면서 성경 본문도 함께 매일 읽으신다면 말씀의 은사를 충만히 받으실 수 있을 것입니다.

이제 전례력으로 2018년을 마무리하고 새롭게 한 해를 맞는 시기에 《맘도 몸도 성경 여행》 둘째 권 《역사서》를 출간하게 되어 기쁩니다. 그동안 《역사서》 출간을 위해 각 권 입문과 내용에 관한 맘도 기초 자료를 작성한 김미숙 루멘 연구원과 각 권 벼리 맘도와 성경 내용 맘도 자료들을 컴퓨터 자료로 완성하고 QR 코드 작업과 유튜브 동영상 자료를 녹화해 준 현상진 베로니카 연구원에게 깊은 감사의 마음을 나눕니다.

끝으로, 이 책의 편집과 디자인을 위해 애써주신 ㈜LB엔터테이먼트의 이재철 대표님과 류진 님께도 감사의 마음을 나눕니다.

2018년 12월,
부천 소사 성가정 성당
주임신부 이석재 토마스 아퀴나스

<엮은이>

● **이석재 토마스 아퀴나스**

1979년 사제수품
육군 군종 신부
인천교구 교육국장(4년)
인천가톨릭대학교 교수 및 총장
현. 인천교구 소사성당 주임신부

● **김미숙 루멘**

이화여대 생활미술과 졸업
인천가톨릭대학교 부설 교리신학원
부원장 역임

● **현상진 베로니카**

1996년부터 마인드맵 강사로 활동
《신난다 첫영성체》 공동 저자
저서: 《코칭수업이야기》,
《요상한 단어장》
현. 각 초중고등학교 학생, 교사,
기업체, 성당 강사로 활동

목 차

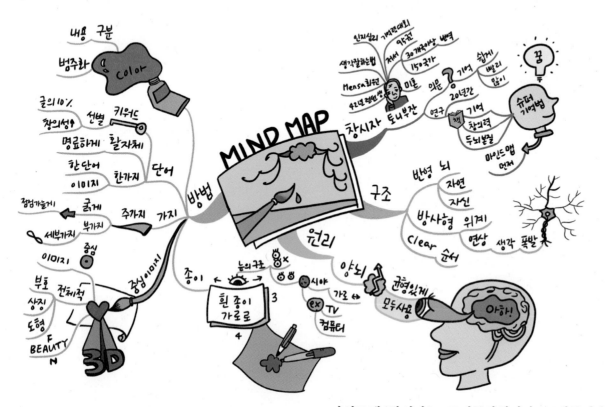

고 중심에 중심이미지를 그립니다. 중심이미지는 펼쳐질 내용의 주제에 해당하는 바를 부호나 상징, 문자나 도형으로 표현합니다. 중심이미지는 3~4가지 색을 사용하며 입체적으로 그릴수록 효과적입니다. 재밌고 아름답게 그리면 더욱 좋습니다. 가지는 굵은 가지를 주가지라 부릅니다. 큰 주가지가 몇 가지로 뻗어나가는 가에 따라 맘도의 내용 구분의 가지 수를 알게 됩니다. 주가지에서 부가지, 세부가지가 뻗어 나갑니다. 가지 위에는 핵심어를 한 가지에 한 단어씩 씁니다. 우리 뇌는 7글자 이상 되는 글자 입력을 어려워합니다. 이미지도 마찬가지로 한 가지에 하나의 이미지로 그립니다. 또는 가지 끝에 이미지를 붙일 수도 있습니다. 엄지손톱만하게 이미지를 붙인다고 하여 맘도에 쓰이는 이미지를 썸네일(Thumbnail)이라 부르기도 합니다.

그러나 맘도성경여행은 맘도의 방법 그대로 표현하지는 않았습니다. 성경을 맘도 구조로 나타내어 맘도 방법을 충분히 익히지 못한 분들도 쉽게 읽을 수 있는 것에 초점을 맞추었습니다. 그러다보니 긴 글로 표현된 부분이 많아졌습니다.

맘도는 두뇌를 써야 하는 모든 분야에 활용할 수 있는 학습도구입니다. 제4차 산업혁명시대에는 특히나 더욱 필요한 학습법입니다. 전체를 바라보고 세부적인 부분을 살피며, 내용에 대해 상상하고 질문하며

'맘도 몸도 성경 여행' 읽는 방법

맘도 성경 여행은 맘도(마음의 지도 - 마인드맵)를 이용하여 하느님의 말씀을 만나는 책입니다. 위의 맘도는 맘도에 대한 기본 이해를 돕기 위한 자료입니다.

마인드맵 창시자는 토니부잔입니다. 토니부잔은 1942년 영국생으로 인지심리학자이며 교육학자입니다. 그는 생각 잘 하는 법에 대해 고민하고 연구한 학자입니다.

맘도는 우리 뇌구조와 나뭇가지가 뻗어나가는 모양과 같은 자연의 구조를 반영합니다. 양뇌를 균형있게 사용하는 것이 원리입니다. 흰 종이를 가로로 놓

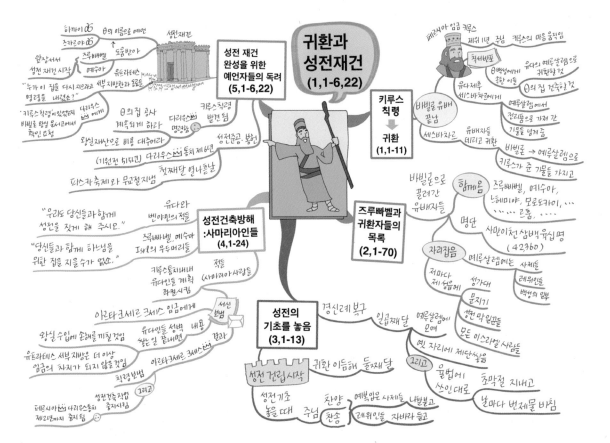

로 말씀을 따라갈 수 있도록 맘도를 그렸습니다.

중심이미지

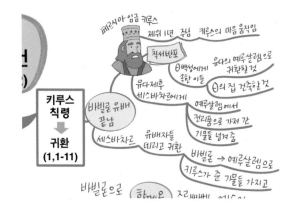

먼저 중심이미지를 자세히 봅니다.

한 사람이 지팡이를 들고 한손으로는 어딘가를 가리키고 있습니다. 무언가 사람들에게 말하고 있는 듯 보이지요? 바로 에즈라입니다.

가지의 흐름 따라 말씀 읽기

추론하는 능력을 길러나가는 좋은 학습도구입니다.

자, 이제 맘도성경 읽는 방법을 하나씩 알려드리겠습니다. 위의 맘도는 역대기하 1~11장까지의 말씀입니다. 처음 볼 때 어디에 시선이 가나요? 가운데 그림이지요? 그 부분이 바로 중심이미지입니다. 중심이미지와 다섯개의 큰 제목을 살펴본 후 내용에 대해 잠시 상상해보고, 궁금한 점에 대해 질문을 던져보기 바랍니다. 질문한 후 말씀을 읽으면 질문에 대한 답을 얻을 수 있습니다. 또한 질문을 하면 기억력이 30%정도 더 좋아진다고 합니다. 중심이미지는 출발지이자 목적지입니다. 주가지의 내용들이 중심이미지에서 뻗어나가지만 결국 중심이미지에 모이게 됩니다.

맘도성경여행은 오른 쪽 1시방향부터 시계방향으

중심이미지를 읽고 난 다음 1시방향의 주가지를 읽습니다. 키루스의 귀환, 1장1절부터 11절까지의 말씀입니다. 바빌론 유배가 끝났습니다. 페르시아 임금 키루스 재위 1년에 주님께서 키루스의 마음을 움직이셨습니다. 그래서 칙서를 반포하는데 하느님 백성에 속한 이들은 유다의 예루살렘으로 귀환할 것, 가서 하느님의 집을 건설한 것을 명합니다. 그리고 유다 제후 세스바차르에게 예루살렘에서 전리품으로 가져간 기물들을 넘겨주었습니다. 세바스차르는 바빌론에서 예루살렘으로 키루스가 준 기물들을 가지고 유배자들과 함께 귀환합니다.

이렇게 말이 이어지도록 자연스럽게 읽어 나가면 됩니다. 그래도 어렵다고 느껴지면 매 장에 있는 QR코드를 이용하여 동영상을 보면 도움이 될 것입니다.

기호 읽기

맘도를 따라가다 보면 '∴'나 '∵'와 같은 기호를 만나게 됩니다. '∴'은 '따라서'라는 뜻으로 쓰이고 '∵'은 '왜냐하면'과 같은 뜻으로 사용됩니다. 이 밖에도 약자나 부호가 사용되는데 처음 나올 때 여백에 설명을 붙여놓았으니 참고하여 맘도를 읽어나가면 됩니다.

하느님께 성전을 새로 지어 봉헌하는 마음으로 역사서 여행을 떠납시다.

자, 이제 성경여행을 떠나 볼까요!

성경을 읽기 전에 드리는 기도

성경 말씀 안에서

저희를 친절히 만나주시는 주님,

성령의 빛으로

저희 눈을 열어주시어

주님의 빛을 보게 하시고

저희 귀를 열어주시어

주님의 말씀을 듣게 하시며

저희 마음을 열어주시어

생명의 말씀을 간직하게 하소서.

그리하여 말씀의 신비가 얼마나 넓고

높고, 깊은지 깨달아 알아

인간의 모든 지식을 초월한

그리스도의 사랑에 대한

뜨거운 감동으로

저희 모든 일상생활 가운데

새로운 기쁨과

주님의 능력이 빛나게 하여주시며

성모님과 한 마음으로

저희 모든 이웃과 더불어

주님의 영광을 찬미하게 하소서.

우리 주 그리스도를 통하여 비나이다.

아멘.

성경을 읽고 나서 드리는 기도

길이요 진리요 생명이신 주님,

저희가 오늘

영원한 생명의 말씀을

읽고 맛들이고

가슴에 새겨 보았나이다.

저희 발에 등불이요

저희 길에 빛이신 주님,

저희가 주님의 길을 따라

힘차게 걸어가게 하소서.

저희 믿음을 더해 주시고

저희 희망과 사랑을 키워주시어

진리의 말씀에 더욱 맛들이게 하시고

복음의 기쁨 안에

늘 머물게 해 주소서.

생명이신 주님,

말씀으로 저희를 이끌어주셔서 감사드립니다.

성모님과 함께 주님의 말씀을

마음에 품어 간직하고, 기도하며

성실히 살아가겠나이다.

영광이 성부와 성자와 성령께,

처음과 같이 이제와 항상 영원히,

아멘.

● 구약성경 전체 벼리

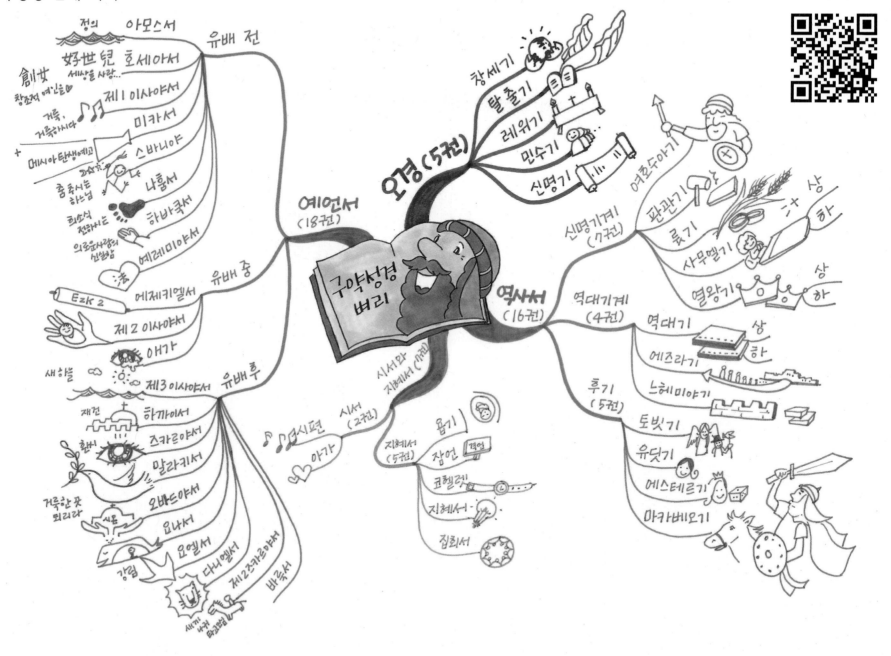

정의　아모스서
　　　유배 전
好世뒨 호세아서
세상을 사랑...
創女
창조적 여·신을♡
제1 이사야서
거룩,
거룩하시다♪♬
+　메시아 탄생예고
미카서
스바니아
충촉시는
하느님
나훔서
회생식
전하시는
하바쿡서
의로우신사랑의
신랑님
예레미야서
예언서
(18권)

유배 중
Ezk 2
에제키엘서
제2 이사야서
애가

새하늘
제3 이사야서
유배 후
재건
하까이서
즈카르야서
희복
말라키서
거룩한 곳
회리라
오바드야서
시룜
요나서
강림
요엘서
다니엘서
제2즈카르야마서
바룩서
새기
나귀
와그땅옴

창세기
탈출기
레위기
오경(5권)
민수기
신명기
여호수아기

신명기계
(7권)
판관기
룻기　　상
사무엘기　하
열왕기　상
하

역사서
(16권)
역대기계
(4권)
역대기　상
에즈라기　하
느헤미야기

후기
(5권)
토빗기
유딧기
에스테르기
마카베오기

시서와
지혜서 (7권)
시서
(2권)
시편
아가

지혜서
(5권)
욥기
잠언　격언
코헬렛
지혜서
집회서

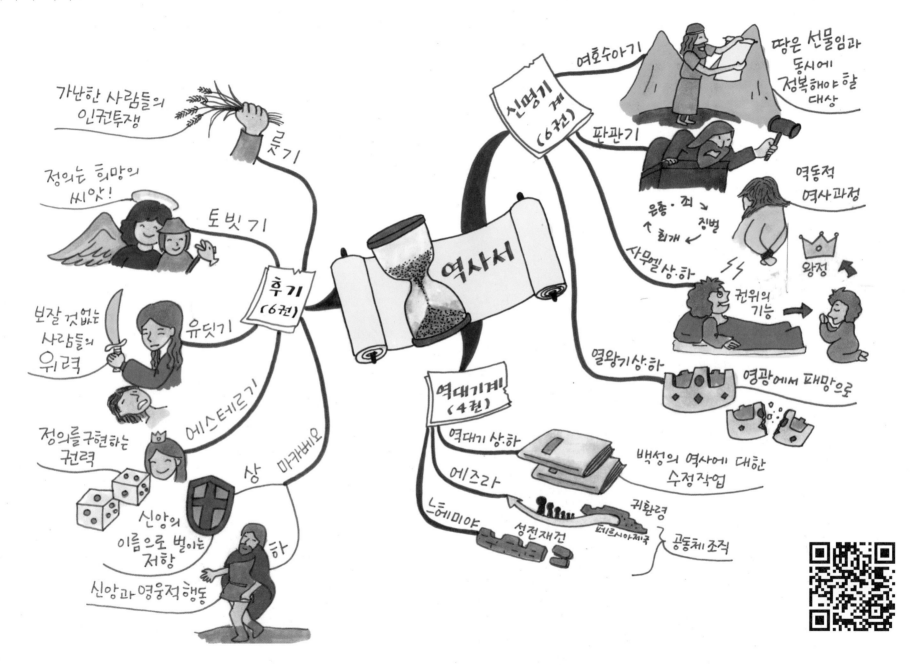

가난한 사람들의
인권투쟁

룻기

정의는 희망의
씨앗!

토빗기

후기
(6권)

보잘 것없는
사람들의
위력

유딧기

에스테르기

정의를 구현하는
권력

상 마카베오

신앙의
이름으로 벌이는
저항

하

신앙과 영웅적 행동

역사서

신명기 계
(6권)

여호수아기

땅은 선물임과
동시에
정복해야 할
대상

판관기

역동적
역사과정

은총·죄
징벌
회개

사무엘상·하

권위의
기능

왕정

열왕기상·하

영광에서 패망으로

역대기계
(4권)

역대기 상·하

백성의 역사에 대한
수정작업

에즈라

느헤미야

성전재건

귀환령

페르시아제국

공동체 조직

역사서 입문

● 역사서 구분

역사서 구분

이스라엘이 바빌론에서 유배생활을 하고 있는 현실에서 출발하여 과거와 현재를 조망함

신명기계 역사서

6권의 책
여호수아기 — 이스라엘의 가나안 정착 과정
판관기
사무엘 상권 하권 — 가나안에 왕정을 실행하는 과정
열왕기 상권 하권 — 왕국의 분단과 멸망

후기 역사서

역사적 사건들과 연관된 일정한 인물들을 설정하여 설화체로 역사적 사실을 해석하고 교훈을 줌

6권의 책
룻기
토빗기
유딧기
에스테르기
마카베오기 상권 하권

역대기계 역사서

연감이나 일지 형식의 기록이지만, 객관적 역사 사실에 대한 기록보다는 그 사건에 대한 해석과 교훈에 관심을 둠

4권의 책
역대기 상권 하권 — 아담에서 유배까지의 역사
에즈라 느헤미야기 — 귀환에서 에즈라 - 느헤미야의 개혁까지의 역사

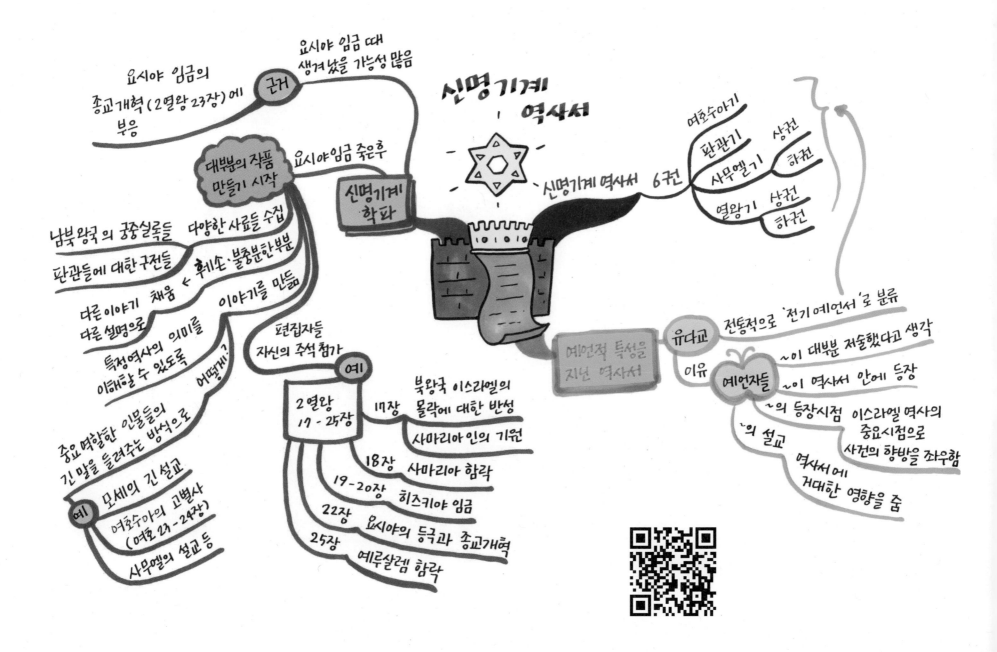

요시야 임금의
종교개혁 (2열왕 23장) 에
부응

요시야 임금 때
생겨났을 가능성 많음

근거

신명기계
역사서

신명기계 역사서   6권

여호수아기
판관기   상권
사무엘기   하권
열왕기   상권
                하권

요시야임금 죽은후

대부분의 작품
만들기 시작

신명기계
학파

남북왕국의 궁중실록들   다양한 사료들 수집
판관들에 대한 구전들

다른 이야기 채움 ← 훼손·불충분한 부분
다른 설명으로   이야기를 만듦

특정역사의 의미를
이해할 수 있도록

편집자들
자신의 주석 첨가

어떻게?

중요 역할한 인물들의
긴 말을 들려주는 방식으로

예

2열왕
17 - 25장

17장   북왕국 이스라엘의
        몰락에 대한 반성
        사마리아인의 기원

18장   사마리아 함락

19-20장 히즈키야 임금

22장   요시야의 등극과 종교개혁

25장   예루살렘 함락

예

모세의 긴 설교
여호수아의 고별사
(여호 23 - 24장)
사무엘의 설교 등

예언적 특성을
지닌 역사서

유다교   전통적으로 '전기예언서'로 분류

이유

예언자들

~이 대부분 저술했다고 생각

~이 역사서 안에 등장

~의 등장시점   이스라엘 역사의
                중요시점으로
~의 설교   사건의 향방을 좌우함

역사서에
거대한 영향을 줌

● 신명기계 역사서의 기원

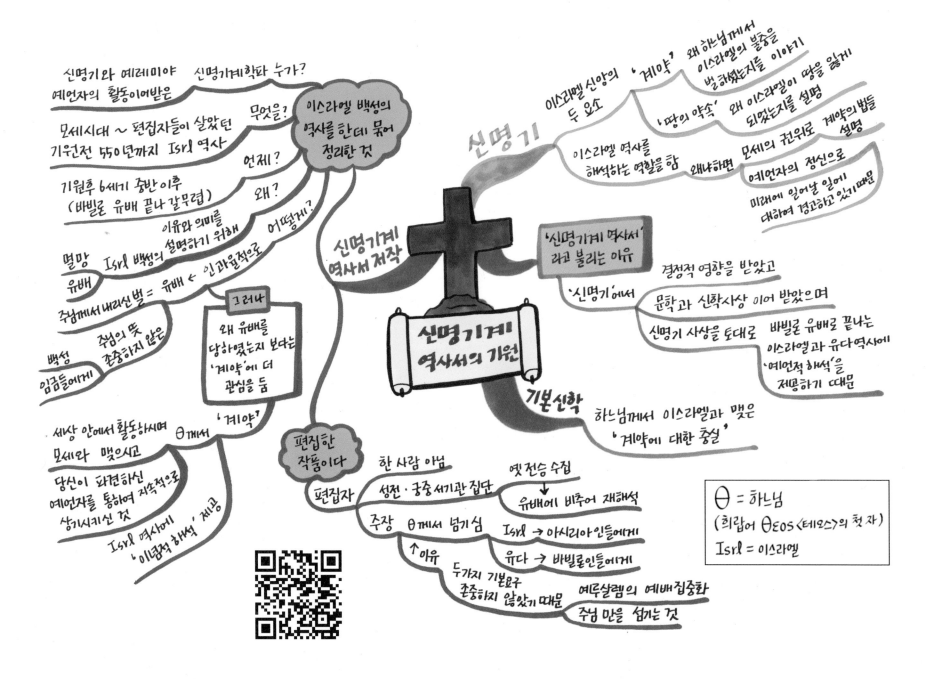

신명기와 예레미야 예언자의 활동이어받은

신명기계학파 누가?

모세시대 ~ 편집자들이 살았던 기원전 550년까지 Isrl 역사

기원후 6세기 중반이후 (바빌론 유배 끝나 갈무렵)

무엇을?

언제?

왜?

어떻게?

이유와 의미를 설명하기 위해

이스라엘 백성의 역사를 한데 묶어 정리한 것

멸망 유배

Isrl 백성의 설명

인과율적으로

주님께서 내리신 벌 = 유배

그러나

왜 유배를 당하였는지 보다는 '계약'에 더 관심을 둠

백성 임금들에게

주님의 뜻 존중하지 않은

'계약'

세상 안에서 활동하시며 모세와 맺으시고

θ께서

당신이 파견하신 예언자를 통하여 지속적으로 상기시키신 것

Isrl 역사에 '이념적 해석' 제공

편집한 작품이다

편집자

한 사람 아님

성전 · 궁중 서기관 집단

옛 전승 수집

유배에 비추어 재해석

주장

θ께서 넘기심

Isrl → 아시리아인들에게

유다 → 바빌론인들에게

↑이유

두가지 기본요구 존중하지 않았기 때문

예루살렘의 예배집중화

주님 만을 섬기는 것

신명기계 역사서 저작

신명기계 역사서의 기원

이스라엘 신앙의 두 요소

'계약'

왜 하느님께서 이스라엘의 불충을 벌하였는지를 이야기

'땅의 약속'

왜 이스라엘이 땅을 잃게 되었는지를 설명

이스라엘 역사를 해석하는 역할을 함

왜냐하면

모세의 권위로 계약의 법들 설명

예언자의 정신으로 미래에 일어날 일에 대하여 경고하고 있기때문

신명기

'신명기계 역사서' 라고 불리는 이유

'신명기'에서

결정적 영향을 받았고

문학과 신학사상 이어 받았으며

신명기 사상을 토대로

바빌론 유배로 끝나는 이스라엘과 유다역사에 '예언적 해석'을 제공하기 때문

기본신학

하느님께서 이스라엘과 맺은 '계약에 대한 충실'

θ = 하느님
(희랍어 θEOS ⟨테오스⟩의 첫 자)
Isrl = 이스라엘

여호수아기

The Promised Land: God's his people

총 24장으로 구성된 여호수아기는
역사서의 첫 번째 책이다.
하느님께서 성조들에게 하신 약속과 이스라엘 민족을
이집트에서 탈출시키면서 모세를 통해 맺으신 약속을
여호수아를 통해 어떻게 실현시켜 주셨는지를 알려 주는 책이다.

1. 책이름

여호수아기의 책이름은 '여호수아'라는 등장인물의 이름을 따서 지어졌다. 그리스말 성경 이름은 '예수스'(예수)이며, 히브리말 성경에서는 '주님께서 구원하시다, 주님께서는 구원이시다'라는 뜻을 지닌 '예호슈아'이다.

2. 저자와 저술 연대

저자는 신명기계 학파에 속하는 익명의 인물이다. 여호수아기는 사건이 일어난 때(기원전 13세기 말경)와 최종 편집 시기 사이에 여러 세기의 간격이 있다. 여호 2-10장은 '전례적 순서'를 드러내기 위해 기원전 10세기 말에 의도적으로 편집된 것이다. 그 후 신명기계 학파 편집자가 이스라엘의 과거 역사를 기원전 7~6세기의 체험에 비추어 묵상하면서 '하느님과 맺은 계약에 충성할 것'을 드러내기 위해 편집하였다. 현재 여호수아기의 모습은 최종 편집자에 의해 '여호수아'란 이름 아래 실존 인물 여호수아에 대한 기록과 고대 영웅들의 전통이 섞여 확장된 것이다.

3. 약속의 땅 가나안

모세오경에서 가나안 땅은 하느님께서 주신 약속의 대상이다. 그러나 여호수아기에서는 당신 백성에 대한 하느님의 진실성이 실현되는 곳이며, 하느님과 인간 사이에 맺어진 계약의 가시적 보증이다. 그러므로 이스라엘인들의 '정복'과 '분배'는 선조들에게 약속해 주시고, 모세를 통해 새롭게 하신 하느님 약속의 실현이다.

4. 신학 사상

여호수아기의 중요한 신학적 반성은 땅과 직결된다. 여호수아기는 이스라엘이 약속한 땅에 진입하는 과정과 그 땅의 분배를 전하고 있다. 약속의 땅을 안전하게 차지하고 그곳에서 번영을 누리기 위해서는 반드시 계약에 충실해야 한다. 곧, 계약의 주체이신 주 하느님만을 섬기고 그분이 계약의 중요한 의무조항으로 제시하신 계명을 지켜야 한다. 특히 신명기에서 소개된 율법을 어떻게 지키느냐에 따라 가나안 땅에서의 삶이 좌우된다. 율법 준수의 중요성은 여호수아가 스켐에서 모든 이스라엘 백성과 가나안인들과 맺은 장엄서약에서 나타난다(24,23-26).

그런데 여호수아기의 기록들을 보면, 하느님의 선물로 이스라엘 백성에게 주어진 약속의 땅을 차지하는 과정에서 가나안의 수많은 민족이 무참히 살해된다. 이를 극복하기 위해서는 몇 가지 사항을 알아둘 필요가 있다.

첫째, 이스라엘의 가나안 점령을 주도하신 하느님은 약자들의 하느님이시다.

둘째, 여호수아기와 판관기는 약자들 편에서 기록한 역사서다.

셋째, 실제 역사에서는 훨씬 더 많은 관용과 타협이 있었을 것이다. 가나안 창녀 라합에 대한 배려(여호 2장), 기브온 사람들과의 계약(여호 9장), 점령하지 못한 지역에 관한 언급(여호 13,1-6) 등이 이를 시사한다.

넷째, 모세오경을 비롯하여 여호수아기의 기록은 유배 시절에 완결된 것으로 그 시대의 신학적 명제를 반영한다.

다섯째, 여호수아기의 작중 연대에 관한 고려이다.

여호수아기의 이스라엘 백성은 부모의 사랑과 보호가 필요한 유아기와 같았다.

이 밖에도 여호수아기는 나중에 유다교의 기초를 이룬 중요한 요소들을 강조한다. 땅의 정착과 연결하여 할례와 과월절 축제를 강조하고, 사제직과 제단과 제사와 더불어 계약궤가 고대 이스라엘의 종교·정치적인 삶의 중심이 된다.

보라, 이돌이 우리에게 증인이 될 것이다. 주님께서 우리에게 이르신 모든 말씀을 이돌이 들었다. 그래서 이것은 너희가 너희 하느님을 부정하지 못하게 하는 증인이 될 것이다.

(여호수아 24,27)

여호수아기 내용

- **1,1 – 5,12**
  가나안 진입 준비와 요르단 강 건넘.

- **5,13 – 12,24**
  예리코와 아이 점령
  가나안 점령 마침

- **13 – 21장**
  가나안 분할

- **22 – 24장**
  여호수아의 마지막 명령들

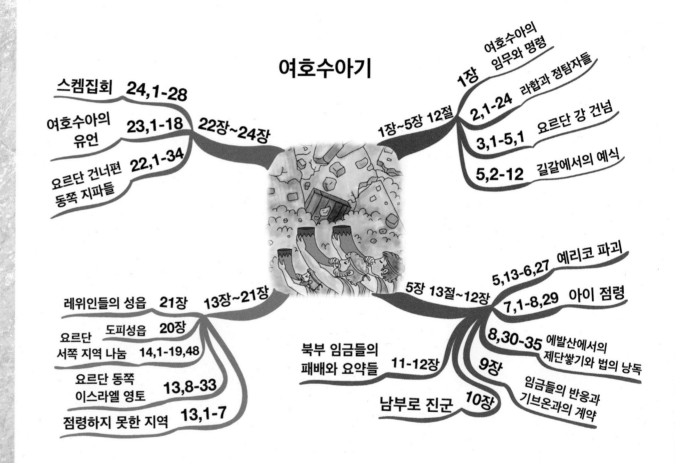

여호수아기

스켐집회 **24,1-28**

여호수아의 유언 **23,1-18**

요르단 건너편 동쪽 지파들 **22,1-34**

22장~24장

여호수아의 임무와 명령 **1장**

라합과 정탐자들 **2,1-24**

요르단 강 건넘 **3,1-5,1**

길갈에서의 예식 **5,2-12**

1장~5장 12절

예리코 파괴 **5,13-6,27**

아이 점령 **7,1-8,29**

에발산에서의 제단쌓기와 법의 낭독 **8,30-35**

5장 13절~12장

임금들의 반응과 기브온과의 계약 **9장**

북부 임금들의 패배와 요약들 **11-12장**

남부로 진군 **10장**

레위인들의 성읍 **21장**

도피성읍 **20장**

요르단 서쪽 지역 나눔 **14,1-19,48**

요르단 동쪽 이스라엘 영토 **13,8-33**

점령하지 못한 지역 **13,1-7**

13장~21장

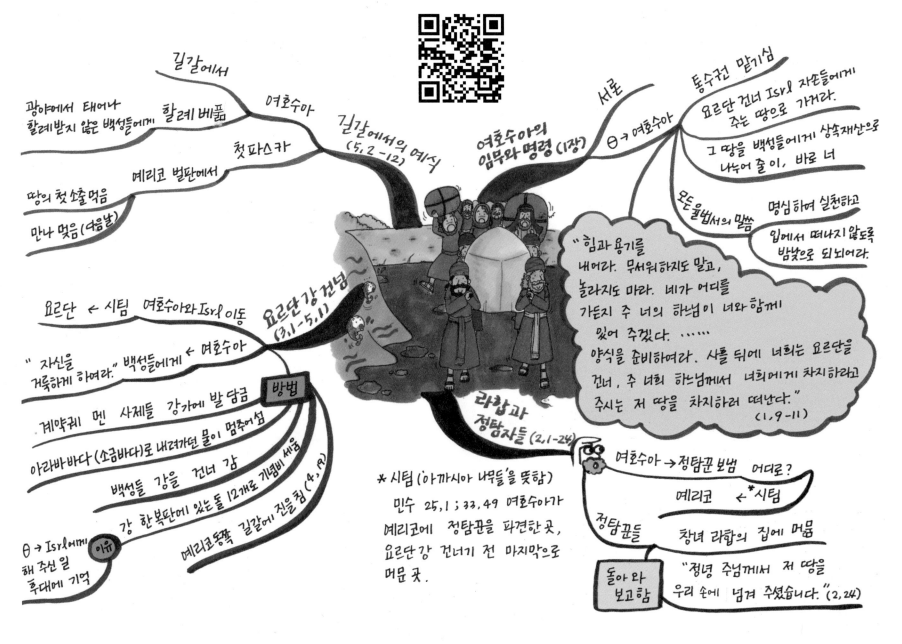

길갈에서

광야에서 태어나 할례받지 않은 백성들에게   할례 베풂

예리코 벌판에서   첫 파스카

땅의 첫 소출 먹음

만나 멎음 (다음날)

여호수아

길갈에서의 예식 (5. 2 -12)

여호수아의 임무와 명령 (1장)

서론

θ → 여호수아

통수권 맡기심

요르단 건너 Isrl 자손들에게 주는 땅으로 가거라.

그 땅을 백성들에게 상속재산으로 나누어 줄 이, 바로 너

모든 율법서의 말씀   명심하여 실천하고 입에서 떠나지 않도록 밤낮으로 되뇌어라.

" 힘과 용기를 내어라. 무서워하지도 말고, 놀라지도 마라. 네가 어디를 가든지 주 너의 하느님이 너와 함께 있어 주겠다. ……
양식을 준비하여라. 사흘 뒤에 너희는 요르단을 건너, 주 너희 하느님께서 너희에게 차지하라고 주시는 저 땅을 차지하러 떠난다."
(1. 9 -11)

요르단 ← 시팀   여호수아와 Isrl 이동

요르단 강 건넘 (3.1 -5.1)

" 자신을 거룩하게 하여라." 백성들에게 ← 여호수아

방법

계약궤 멘 사제들 강가에 발 담금

아라바바다 (소금바다)로 내려가던 물이 멈추어 섬

백성들 강을 건너 감

강 한복판에 있는 돌 12개로 기념비 세움 (4. 9)

θ → Isrl에게 해 주신 일 후대에 기억   이유

예리코 동쪽 길갈에 진을 침

라합과 정탐자들 (2.1 -24)

여호수아 → 정탐꾼 보냄   어디로?

예리코 ← *시팀

정탐꾼들   창녀 라합의 집에 머묾

돌아와 보고함   "정녕 주님께서 저 땅을 우리 손에 넘겨 주셨습니다." (2.24)

* 시팀 ('아까시아 나무들'을 뜻함)
민수 25.1 ; 33.49 여호수아가 예리코에 정탐꾼을 파견한 곳, 요르단 강 건너기 전 마지막으로 머문 곳.

● 5,13 - 12,24 : 예리코와 아이 점령 / 가나안 점령 마침

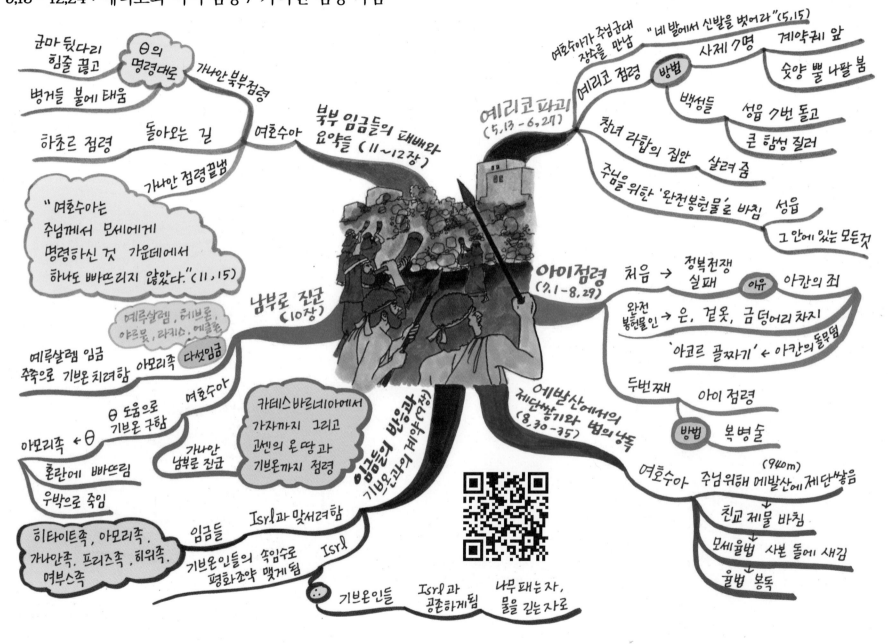

군마 뒷다리 힘줄 끊고

Θ의 명령대로

가나안 북부점령

여호수아가 주님군대 장수를 만남

"네 발에서 신발을 벗어라"(5,15)

계약궤 앞

사제 7명

숫양 뿔 나팔 붊

예리코 점령

방법

병거들 불에 태움

예리코 파괴 (5,13-6,27)

백성들

성읍 7번 돌고

큰 함성 질러

하초르 점령

돌아오는 길

여호수아

북부 임금들의 대배와 요약들 (11~12장)

창녀 라합의 집안

살려 줌

가나안 점령끝냄

주님을 위한 '완전봉헌물'로 바침

성읍

"여호수아는 주님께서 모세에게 명령하신 것 가운데에서 하나도 빠뜨리지 않았다."(11,15)

그 안에 있는 모든것

아이점령 (7,1-8,29)

처음 → 정복전쟁 실패

유

아칸의 죄

남부로 진군 (10장)

완전 봉헌물인 → 은, 겉옷, 금 덩어리 차지

예루살렘, 헤브론, 야르뭇, 라키스, 에글론

'아코르 골짜기' ← 아칸의 돌무덤

예루살렘 임금 주축으로 기브온 치려함 아모리족

다섯임금

두번째

아이 점령

Θ 도움으로 기브온 구함

여호수아

방법

복병술

아모리족 ← Θ

가나안 남부로 진군

카데스 바르네아에서 가자까지 그리고 고센의 온땅과 기브온까지 점령

에발산에서의 제단쌓기와 법의 낭독 (8,30-35)

(940m)

혼란에 빠뜨림

여호수아 주님위해 에발산에 제단쌓음

우박으로 죽임

임금들의 반응과 기브온과의 계약 (9장)

친교 제물 바침

히타이트족, 아모리족, 가나안족, 프리즈족, 히위족, 여부스족

임금들

Isrl과 맞서려함

모세율법 사본 돌에 새김

기브온인들의 속임수로 평화조약 맺게 됨

Isrl

율법 봉독

기브온인들

Isrl과 공존하게됨

나무 패는 자, 물을 긷는 자로

28

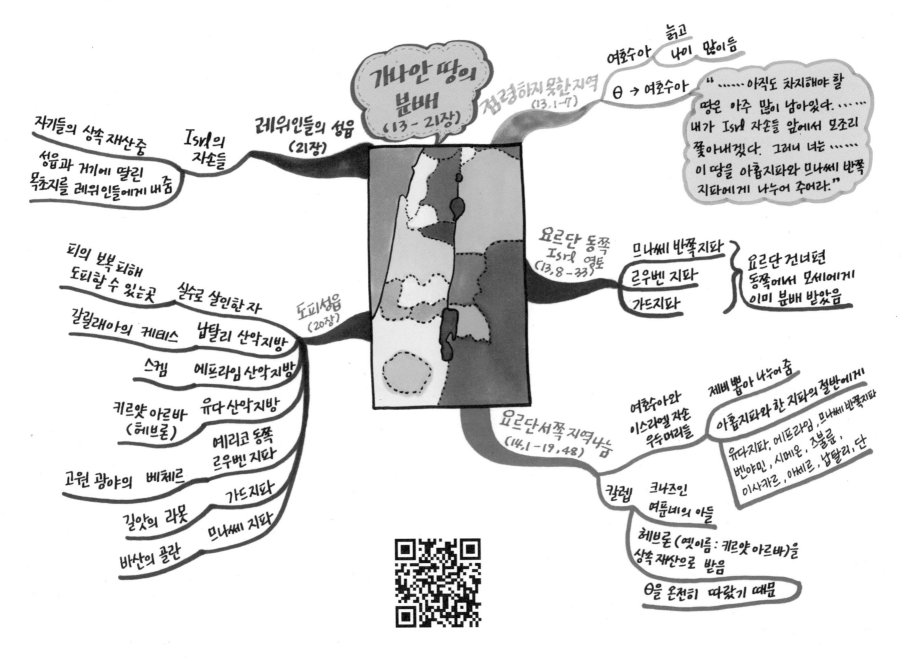

가나안 땅의 분배
(13 - 21장)

점령하지 못한 지역
(13, 1~7)

여호수아 → 늙고 나이 많이 듦

θ → 여호수아

"...... 아직도 차지해야 할 땅은 아주 많이 남아있다. ...... 내가 Isrl 자손들 앞에서 모조리 쫓아내겠다. 그러니 너는 ...... 이 땅을 아홉지파와 므나쎄 반쪽 지파에게 나누어 주어라."

레위인들의 성읍
(21장)

Isrl의 자손들

자기들의 상속 재산중

성읍과 거기에 딸린 목초지를 레위인들에게 내줌

요르단 동쪽
Isrl 영토
(13, 8~33)

므나쎄 반쪽지파
르우벤 지파
가드지파

요르단 건너편 동쪽에서 모세에게 이미 분배 받았음

도피성읍
(20장)

피의 보복 피해 도피할 수 있는곳

실수로 살인한 자

갈릴래아의 케데스 — 납탈리 산악지방

스켐 — 에프라임 산악지방

키르얏 아르바 (헤브론) — 유다 산악지방

예리코 동쪽 르우벤 지파

고원 광야의 베체르 — 가드지파

길앗의 라못

바산의 골란 — 므나쎄 지파

요르단 서쪽 지역나눔
(14, 1 - 19, 48)

여호수아와 이스라엘 자손 우두머리들

제비 뽑아 나누어 줌

아홉지파와 한 지파의 절반에게

유다지파, 에프라임, 므나쎄 반쪽지파, 벤야민, 시메온, 즈불룬, 이사카르, 아쎄르, 납탈리, 단

칼렙 — 크나즈인 여푼네의 아들

헤브론 (옛이름 : 키르얏 아르바)을 상속 재산으로 받음

θ을 온전히 따랐기 때문

여호수아 → 요르단 건너편 지파들 돌려보냄 (22,1-34)

요르단 건너편 (동쪽) 지파들 (22,1-34)

요르단 강가에

요르단 동쪽지파   제단쌓음   번제물·희생제물 위한 것 아님

주님께서 우리 하느님 이심을 우리 사이에서 증언하는 증인 (증표 印)

12지파 사이 일치 재확인

Isꞁ 모든지파 스켐에 모이게함

여호수아   스켐집회 (24,1-28)

조상들 이집트에서 ← θ 과거회상 이끌어 내심

땅·성읍주심   일구지 않고

너희가   세우지 않은

온전하고   경인하고   주님

진실되게   섬겨라

누구를 섬길 것인지

"오늘 선택 하여라"

주님

다른신들

"나와 내 집안은 주님을 섬기겠다."

"우리도 주님을 섬기겠습니다. 그분만이 우리의 하느님이십니다." (24,18)

죽음   110살   에프라임 산악지방   팀낫 세라에 묻힘

맺음말 (22-24)

여호수아의 유언 (23,1-18)

모세의 율법서   명심하고 실천

오직 주님께만 매달려라

이민족과 혼인관계 맺으면   θ

너희 앞에서 민족들 쫓아내지 않고, 너희는 멸망할 것

"주 너희 하느님께서 너희를 두고 이르신 그 모든 좋은 말씀 가운데에서 하나도 빠지지 않고 이루어진 것을, 너희는 온 마음과 온 정신으로 잘 알고 있다. 그 말씀이 하나도 빠지지 않고 너희에게 다 이루어졌다. 그러나 주 너희 하느님께서 너희에게 이르신 그 모든 좋은 말씀이 너희에게 다 이루어진 것처럼, 주님께서는 그 모든 나쁜 말씀도 너희에게 이루셔서, 마침내 너희에게 주신 이 좋은 땅에서 너희를 없애 버리실 수도 있다. (23,14-15)

여호수아기 묻고 답하기

1. [여호수아의 임무와 명령]

 - 하느님께서는 모세의 뒤를 이은 여호수아에게 어떤 임무를 주셨습니까?

2. [요르단 강 건넘]

 - 여호수아의 인도로 요르단 강을 건넌 이스라엘이 첫 번 진을 친 곳은 어디였습니까? 그들이 기념비를 세운 방법은 어떠했습니까?

3. [길갈에서의 예식]

 - 이스라엘 백성을 이끌어 요르단 강을 건넌 후 길갈에서 여호수아가 행한 두 가지 예식은 무엇이었습니까?

4. [예리코 파괴]

 - 예리코 점령 방법은 무력으로가 아니라 하느님의 도우심으로 가능했습니다. 점령 방법을 옮겨 보세요.

5. [아이 점령]

 - 아이 지역 정복 전쟁 때에 처음에 실패하게 된 까닭은 무엇 때문이었습니까?

6. [가나안 땅의 분배]

 - 가나안 땅에 진입한 이스라엘이 열두 지파에게 땅을 분배한 후 도피성읍을 만들었습니다. 그 까닭은 무엇이었습니까? 몇 곳에 설치하였습니까?

7. [맺음말]

 - 여호수아의 유언 내용 세 가지는 무엇이었습니까?

8. [맺음말]

 - 스켐 집회 때에 이스라엘은 어느 신을 섬기기로 결정(선택)하였습니까?

삶에 적용하기

※각각의 지도 모양을 보고 왼쪽 지도에 지명을 써 넣어 보세요.

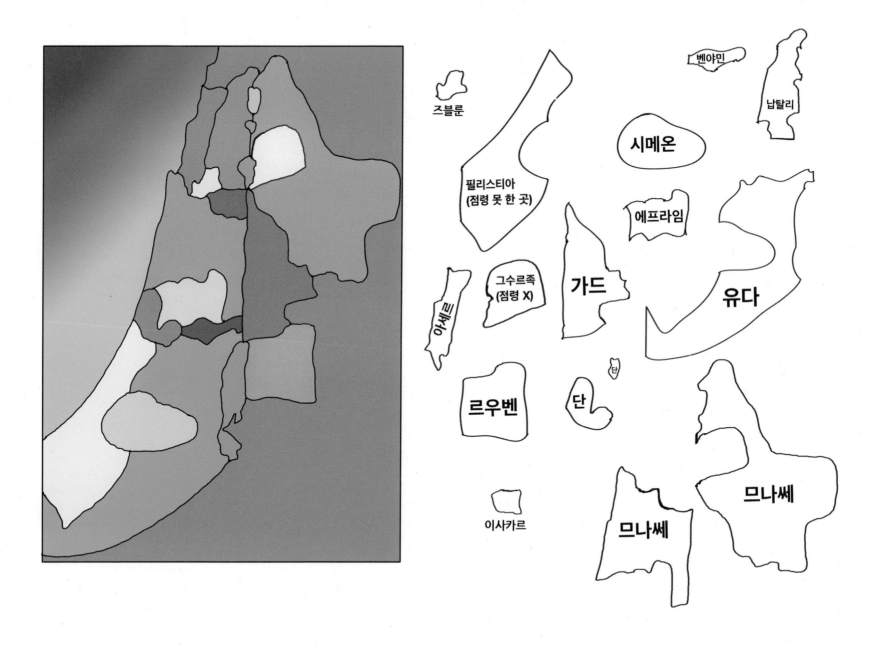

스블룬

벤야민

납탈리

시메온

필리스티아
(점령 못 한 곳)

에프라임

아셀

그수르족
(점령 X)

가드

유다

르우벤

단

단

이사카르

므나쎄

므나쎄

판관기

The People of God Still in Formation

총 21장으로 구성된 판관기는
가나안 정착에서 왕정이 세워지기 전까지
약 200년의 역사를 다루면서 하느님의 주관적 통치와
하느님 백성의 모습이 기록된 유일한 책이다.

1. 책이름

판관기의 그리스말 성경 이름은 '크리타이'이며, 히브리말 성경 이름은 '(재)판관들'을 의미하는 '쇼페팀'이다.

2. 편집

신명기계 역사가들이 유배 시절 또는 유배 이후 편집한 것으로 본다. 이스라엘에 전해 내려오던 '구원자들의 책'(영웅 설화)을 바탕으로 편찬되었다.

3. 판관이란?

판관이란 국가가 형성되기 이전에 하느님의 영을 받아 이스라엘 백성을 다스렸던 지도자들이다. 이들은 전시에 최고 군사 지도자의 역할도 수행한다. 판관기에 등장하는 판관들은 모두 12명으로 대판관과 소판관으로 구분된다. 이 구분은 소개된 분량에 의한 것이다. 대판관은 주님께 신탁을 받아 백성을 외적의 침략과 억압에서 구출하고 보호한 구원자로써 오트니엘, 에훗, 드보라, 기드온, 입타, 삼손이다. 소판관들은 통치 당시 전쟁을 하지 않았던 통치자로서 삼가르, 톨라, 야이르, 입찬, 엘론, 압돈이다.

4. 신학 사상

판관기는 여호수아가 가나안 땅을 점령하고 분배한 다음부터 사무엘의 영도 아래 왕정이 들어서기까지의 역사를 다룬다. 강력한 지도력을 발휘하여 약속의 땅을 점령하고 이스라엘의 열두 지파를 야훼 신앙 안에서 단결시킨 여호수아의 시대는 가고 혼돈의 시대가 들어섰다. 그러므로 판관기는 주님의 계명에 순종하는 것은 땅의 소유를 가능하게 하는 조건이고, 주님의 계명에 불순종하는 것은 땅의 상실을 보장하는 조건임을 실제 사건들로 증언한다. 하느님께 충성을 다하지 못하면 그분이 선물로 주신 땅을 차지하지만 그 땅에서 무질서와 혼란을 겪을 뿐이다. 이 혼돈의 상황 앞에서 사람들은 왕정의 도래를 고대한다. 판관기 저자는 결론 부분에서 "임금이 없다"라는 말을 되풀이 하는데, 이는 이스라엘이 계약의 하느님을 참 임금으로 섬기지 않았다는 뜻이기도 하다. 참 임금이신 하느님을 올바로 섬기고 그분의 말씀에 순종하지 않으면 약속된 땅에서의 안정과 번영은 이루어지지 않는다. 왜냐하면 그것은 이상적인 제도로 이루어지는 것이 아니기 때문이다.

5. 판관기의 신학적 틀

판관기의 저자들은 역사를 하나의 틀 안에서 반복되는 것으로 이해한다. 이 틀은 하느님을 저버리고 우상 숭배에 빠져들려는 이스라엘의 나약성, 억압당하는 당신 백성의 지파들을 구원하시려고 끊임없이 사람을 보내시는 하느님의 인내를 강조하면서 믿음을 더욱 강화시킨다.

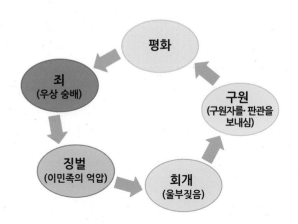

평화

죄
(우상 숭배)

구원
(구원자를·판관을 보내심)

징벌
(이민족의 억압)

회개
(울부짖음)

판관기 내용

- **1,1 – 2,5 : 서언**
  가나안 정복사

- **2,6 – 16,31 : 본론**
  판관들의 역사

- **17 – 21장 : 부록**
  - 17 - 18 : 단 지파의 이주
  - 19 - 21 : 벤야민 지파의 만행

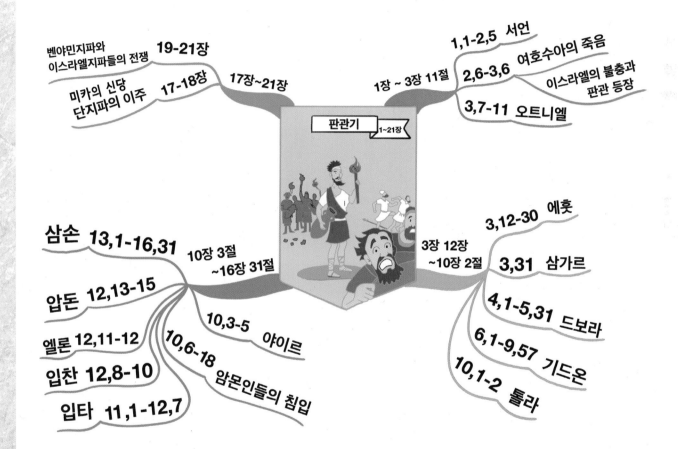

벤야민지파와
이스라엘지파들의 전쟁 **19-21장**

미카의 신당
단지파의 이주 **17-18장**

17장~21장

1,1-2,5 서언

2,6-3,6 여호수아의 죽음
이스라엘의 불충과
판관 등장

1장 ~ 3장 11절

3,7-11 오트니엘

판관기
1~21장

3,12-30 에훗

3장 12장
~10장 2절

3,31 삼가르

4,1-5,31 드보라

6,1-9,57 기드온

10,1-2 톨라

삼손 **13,1-16,31**

10장 3절
~16장 31절

압돈 **12,13-15**

엘론 **12,11-12**

입찬 **12,8-10**

입타 **11,1-12,7**

10,6-18 암몬인들의 침입

10,3-5 야이르

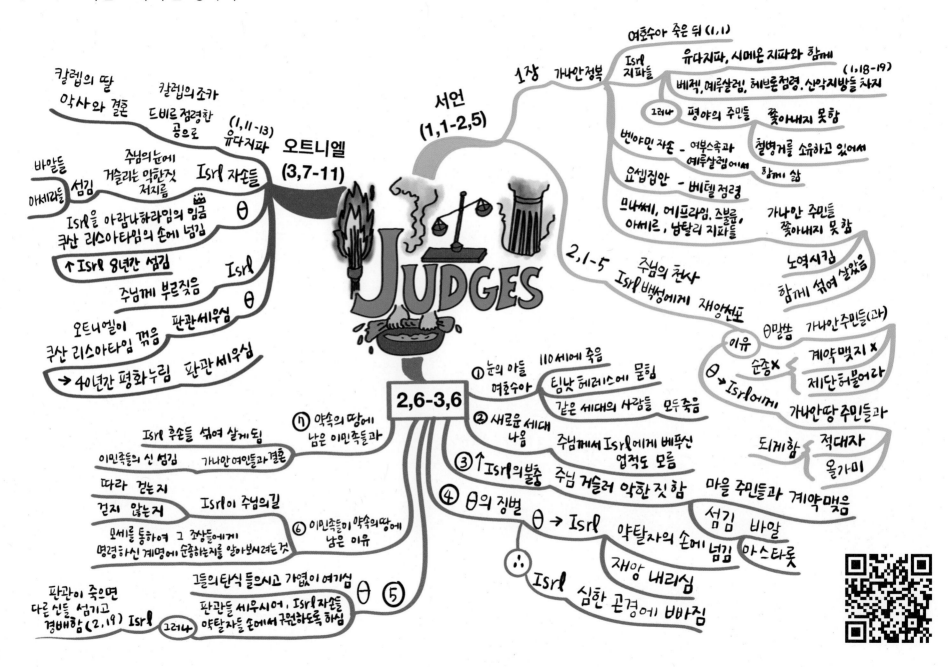

서언 (1,1-2,5)

1장 가나안 정복
- 여호수아 죽은 뒤 (1,1)
- Isrl 지파들
  - 유다지파, 시메온 지파와 함께
  - 베젝, 예루살렘, 헤브론점령, 산악지방들 차지 (1,18-19)
  - 그러나 평야의 주민들 → 쫓아내지 못함
    - 철병거를 소유하고 있어서
- 벤야민 자손 - 여부스족과 예루살렘에서 함께 삶
- 요셉집안 - 베텔 점령
- 므낫세, 에프라임, 즈불룬, 아세르, 납탈리 지파들
  - 가나안 주민들 쫓아내지 못함
    - 노역시킴
    - 함께 섞여 살았음

2,1-5 주님의 천사
- Isrl 백성에게 재앙선포
- θ 말씀 가나안 주민들(과)
- 이유
  - 순종X
    - 계약맺지 X
    - 제단 허물어라
  - θ → Isrl에게
    - 가나안땅 주민들과 되게함
      - 적대자
      - 올가미

오트니엘 (3,7-11)
- 칼렙의 딸 악사와 결혼
- 칼렙의 조카 드비르 점령한 공으로 (1,11-13) 유다지파
- Isrl 자손들
  - 바알들 아세라들 섬김
  - 주님의 눈에 거슬리는 악한짓 저지름 θ
  - Isrl을 아람나하라임의 임금 쿠산 리스아타임의 손에 넘김
    - ↑ Isrl 8년간 섬김
  - Isrl 주님께 부르짖음 θ
  - 오트니엘이 쿠산 리스아타임 꺾음 판관세우심
    - → 40년간 평화누림 판관 세우심

2,6-3,6
- ① 눈의 아들 여호수아 110세에 죽음
  - 팀낫 헤레스에 묻힘
  - 같은 세대의 사람들 모두죽음
- ② 새로운 세대 나옴
  - 주님께서 Isrl에게 베푸신 업적도 모름
- ③ ↑ Isrl의 불충 주님 거슬러 악한 짓 함
- ④ θ의 징벌 θ → Isrl 약탈자의 손에 넘김
  - 마을 주민들과 계약맺음
  - 섬김 바알 아스타롯
  - 재앙 내리심
  - Isrl 심한 곤경에 빠짐
- ⑤ θ 그들의 탄식 들으시고 가엾이 여기심
  - 그러나 판관들 세우시어, Isrl 자손들 약탈자들 손에서 구원하도록 하심
- ⑥ 이민족들이 약속의 땅에 남은 이유
  - ⑦ 약속의 땅에 남은 이민족들과
    - Isrl 후손들 섞여 살게 됨
    - 이민족들의 신 섬김 가나안 여인들과 결혼
    - Isrl이 주님의 길 따라 걷는지 걷지 않는지
    - 모세를 통하여 그 조상들에게 명령하신 계명에 순종하는지를 알아보시려는 것
  - 판관이 죽으면 다른 신들 섬기고 경배함 (2,19) Isrl

38

톨 라
(10,1-2)

이사카르 사람
Isrl을 구원함
Isrl의 판관으로 일함   23년간

에훗
(3,12-30)

벤야민지파   게라의 子
Isrl 자손들   주님의 눈에 거슬리는 악한짓 저지름
θ   모압임금 에글론을 우세하게 만드심
Isrl 18년간 섬김
Isrl 자손들   θ께 부르짖음
θ   판관 세우심   에훗 → 에글론 암살
80년간 평화누림

요아스의 子   므나쎄 지파   기드온
(6,1-9,57)

아모리족 신들 공경   주님의 눈에 거슬림   Isrl 자손들
Isrl을 7년간 미디안 족 손에 넘김   θ
땅의 소출 망쳐 놓음   Isrl ← 미디안족   Isrl
양식 하나도 남기지X   θ께 부르짖음   θ
예언자 세우심
기드온에게

"네 아버지의 바알 제단을 허물고 그 곁에 있는 아세라 목상을 잘라 버려라." (6,25)

* '여루빠알'이란 이름얻음   그날

바알 제단 허뭄   기드온
아세라 목상 자름
요르단 동쪽에서 미디안 쳐 부숨
백성이 요청한 왕권거부

40년간 평화누림   죽임
다시 바알 따르며   ← Isrl 자손들
불륜 저지름   죽음
子 아비멜렉 임금 됨
여루빠알의 아들 70명 (막내 아들 요탐제외) 을
살해한 뒤
스켐인들의 반란 진압

"여러분을 다스리실 분은 주님이십니다." (8,23)

* 여루빠알
"그 (기드온)가 바알의 제단을 헐었으니, 바알은 그에게 맞서 자신을 옹호하라." 는 뜻
(판관 6,32)

삼가르
(3,31)   아낫의 子
Isrl 구원함   소몰이 막대로 필리스티아인 육백명 쳐죽임

드보라
(4,1-5,31)   여 예언자   라피돗의 아내
Isrl 자손들   주님의 눈에 거슬림
θ → Isrl을 가나안 임금 야빈의 손에 넘김
Isrl 자손들   Isrl을 20년간 억압   야빈
울부짖음

전쟁

드보라와 바락의 노래   5장
아비노암의 子 바락 + 드보라
야빈의 군대 장수 시스라   싸움
θ   시스라
시스라   시스라의 군대   혼란에 빠뜨림
카인족 헤베르의 아내 야엘에게 죽임당함
40년간 평화누림

"깨어나라. 깨어나라. 드보라야." (5,12)

39

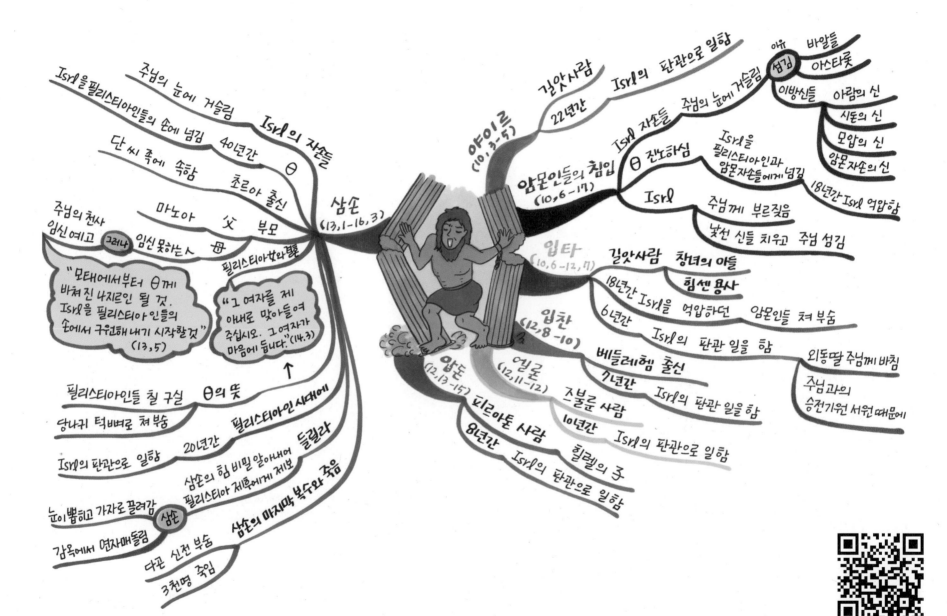

Isrl을 필리스티아인들의 손에 넘김

주님의 눈에 거슬림

Isrl의 자손들

길앗사람

Isrl의 판관으로 일함

야이르
(10, 3-5)

22년간

섬김

바알들

아스타롯

이방신들

아람의 신

시돈의 신

모압의 신

암몬자손의 신

40년간 θ

단 씨 족에 속함

초르아 출신

삼손
(13,1-16,3)

주님의 천사

임신 예고

마노아 父 부모

그러나 임신 못하는 人 母

Isrl 자손들

주님의 눈에 거슬림

θ 진노하심

Isrl을
필리스티아인과
암몬자손들에게 넘김

18년간 Isrl 억압함

암몬인들의 침입
(10,6-17)

Isrl

주님께 부르짖음

낯선 신들 치우고 주님 섬김

"모태에서부터 θ께
바쳐진 나지르인 될 것.
Isrl을 필리스티아인들의
손에서 구원해 내기 시작할것"
(13,5)

필리스티아女와 혼롄

"그 여자를 제
아내로 맞아들여
주십시오. 그 여자가
마음에 듭니다." (14,3)

입타
(10,6-12,7)

길앗사람

창녀의 아들

힘쎈 용사

18년간 Isrl을 억압하던 암몬인들 쳐 부숨

6년간 Isrl의 판관 일을 함

외동딸 주님께 바침

필리스티아인들 칠 구실

θ의 뜻

입찬
(12,8-10)

베들레헴 출신

7년간 Isrl의 판관 일을 함

주님과의
승전기원 서원때문에

당나귀 턱뼈로 쳐 부숨

Isrl의 판관으로 일함

20년간

필리스티아인 시대에

엘론
(12,11-12)

즈불룬 사람

10년간 Isrl의 판관으로 일함

압돈
(12,13-15)

피르아톤 사람

8년간 Isrl의 판관으로 일함

힐렐의 子

들릴라

삼손의 힘 비밀 알아내어
필리스티아 제후에게 제보

눈이 뽑히고 가자로 끌려감

삼손

감옥에서 연자매돌림

다곤 신전 부숨

삼손의 마지막 복수와 죽음

3천명 죽임

벤야민지파에 속함   기브아   기브아인들의 만행

에프라임 산악지방의 한 레위인의 소실을 능욕하여 죽게 함

레위인은 소실의 시신 열둘로 나눠 Isrl 각 지파에 보냄

소실의 시신을 열두토막을냄 레위인

Isrl 각 지파에 보냄

벤야민지파와 Isrl 지파들의 전쟁 (19-21장)

벤야민지파와 다른지파들 전쟁

벤야민 지파 사람들   이유

Isrl에서 부정하고 추잡한 짓을 저질렀기때문

벤야민 지파 승리   첫번째

벤야민지파 승리   두번째

θ의 계약궤가 있는 베텔에 올라가 통곡   Isrl 다른지파들   세번째

벤야민 자손 패배

지파전멸하고 600 명만 살아 남음   동쪽 벤야민 애석하게 여김   Isrl 다른지파들

실로에서 주님의 축제 때 나와 윤무하는 여자를 차지하게 함

벤야민 지파의 복원과 회복

벤야민 지파 보존 위해

미카의 어머니   은 이백세켈 떼어서   조각신상   주조신상

미카의 집에 모셔짐   만듦

미카의 신당 (17장)

미카   Isrl에 아직 임금이 없었던 시대에 삶

에폿과 수호신들 만들어 자기 신당에 모심

유다의 베들레헴 출신 레위인에게 직무 맡겨 자기 사제로 삼음

단 지파의 이주 (17-18장)

단 지파 이주 (18장)

Isrl에게 임금이 없었던 시대

Isrl 지파들 가운데에서 상속지를 얻지못해 자기들 살곳 찾고 있음

다섯 사람을 뽑아   라이스 땅 정탐하게함

미카의 집에서 하룻밤 머묾

"자, 그들에게 올라갑시다. 우리가 그 땅을 보았는데 매우 좋습니다." (18.9)   보고 함

초르아와 에스타올 떠남 → 키르얏 여아림 서쪽 (라이스) 에 진을 침 →'단의 진영'

미카가 만든 것과 그의 사제를 데리고 라이스 정복

성읍을 다시 세우고 '단'이라 부름   단의 자손들 ←

미카가 만든 조각신상 섬김

판관기 묻고 답하기

1. [서언]

- 주님의 천사가 이스라엘 백성에게 재앙을 선포한 이유는 무엇이었습니까?

2. [오트니엘] [에홋, 드보라, 기드온 … 등도 같은 틀]

- 오트니엘 판관의 경우, 판관기의 네 가지 전형적 이야기 틀이 등장합니다.

　① 이스라엘의 악한 짓(이방신 섬김),

　② 하느님의 징벌,

　③ 이스라엘이 주님께 부르짖음,

　④ 하느님의 도우심이 제시됩니다.

　하느님은 어떻게 이스라엘을 도우십니까?

3. [드보라 – 전쟁]

- 가나안 임금 야빈의 장수 시스라는 어떻게 죽음을 맞이하였습니까?

4. [기드온 – 기드온]

- 기드온은 바알 제단을 허물고 아세라 목상을 자른 후 어떤 이름을 얻게 되었습니까?

5. [입타]

- 6년간 이스라엘의 판관 일을 한 입타는 어떤 이유로 외동딸을 주님께 바쳐야 했습니까?

6. [삼손 – 부모]

- 삼손의 모친은 어떤 여인이었습니까? 그녀에게 임신을 예고한 천사의 말을 옮겨 적으세요.

7. [단 지파의 이주 – 미카의 신당]

- 이스라엘에 아직 임금이 없었던 시대에 살던 미카가 한 두 가지 일은 무엇이었습니까?

삶에 적용하기

예수님의 가계도

※예수님의 가계도를 보고 나 자신의 조상님들도 생각해 보세요.

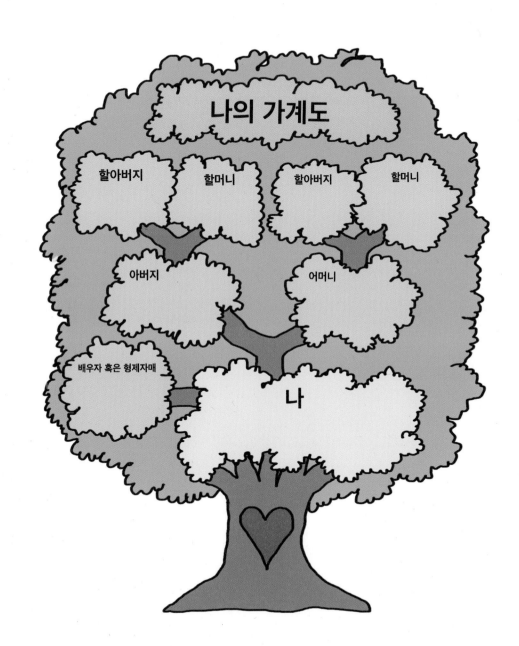

나의 가계도

할아버지　할머니　할아버지　할머니

아버지　어머니

배우자 혹은 형제자매　나

룻기

A Foreigner, but Ancestress of the Messiah

총 4장으로 구성된 룻기는
축제 오경의 첫 번째 책으로
다윗의 조상 가운데 그 어느 유다인보다 더
훌륭하고 성실하게 하느님을 섬기며
모범적인 삶을 살았다는
이방계(모압) 여인의 존재를 신학화한 작품이다.

1. 책 이름

룻기의 히브리말 성경 이름은 주인공의 이름을 따서 '룻'이라 부른다. 이는 '(여자)친구, 동료'라는 의미를 지닌다. 그리스말 성경과 불가타에서도 히브리말 성경 이름을 음역화하여 사용한다.

2. 저자와 저술 연대

저자는 한 사람이 아니다. 유배 이후(기원전 5~4세기) 후대 편집자들이 이스라엘 민중 가운데 전승되어 오던 이야기를 정리하여 완성한 것으로 본다.

3. 축제 오경(Megillot)의 첫 번째 책

룻기는 축제 오경의 첫 번째 책이다. 축제 오경은 룻기, 아가, 애가, 코헬렛, 에스테르기이다. 룻기는 오순절(수확절, 맥추절), 아가는 파스카(과월절, 유월절), 애가는 성전 파괴일, 코헬렛은 초막절, 에스테르기는 푸림절에 봉독되었다.

4. 신학 사상

라삐의 전통에 따르면 룻기의 핵심 주제는 히브리어 '헤세드'이며 그 뜻은 자애, 성실, 효성이다.

룻기는 어려움에 처한 이스라엘 백성을 돌보시는 하느님의 성실하신 자애뿐 아니라, 나오미와 룻과 보아즈가 보여주는 가족과 혈족 공동체에 대한 유대감과 사랑, 충실한 의무 이행 등이 돋보인다.

룻기에서 '헤세드'와 직결된 주제는 '가문의 존속'이다. 이것 역시 당신의 약속을 반드시 이행하시는 하느님의 성실하심에 바탕을 둔다. 하느님은 이스라엘의 가문이 끊길 위험에 처했을 때마다 여인들을 시켜 그 위험을 극복하게 하셨다(라헬과 레아, 타마르 등).

룻기의 또 다른 주제는, 땅과 후손의 약속에 적용되는 '결핍과 채움'이다. 유다는 기근이 들었다가 풍성한 수확을 거둔다. 나오미와 룻은 처음에 남편들의 죽음을 겪었다가 후손의 탄생을 경축한다. 하느님은 당신 백성이 곤경에 처했을 때 그 조상들과 하신 약속을 잊지 않으시고 구원의 손길을 보내신다. 나오미와 룻은 이스라엘을 상징하고, 고엘(구원자, 후원자)이 되어 그들을 도와준 보아즈는 하느님을 대변한다.

5. 룻기의 의의

라삐들의 전통은 룻을 개종자의 전형으로 간주한다. '주님의 날개 아래로 오다'(2,12 참조)라는 표현이 유다교로 개종함을 가리키는 것으로 보기 때문이다.

룻기는 '주님의 인도하심' 또는 주님의 '섭리 이야기'라 할 수 있다. 그래서 이 이야기의 원주인공은 하느님이라 할 수 있다.

이스라엘의 하느님께서는, 의지할 데 없는 한 늙은 여인, 특히 외국인 과부와 당신 사이의 개별적 역사를 다윗의 탄생을 통하여 당신 백성과의 역사로 수렴하신다. 그리고 신약에 와서 예수 그리스도의 탄생을 통하여 룻과의 역사를 당신과 인류 사이의 구원 역사로 끌어 올리신다(마태 1,1-17).

6. 가르침

하느님 앞에서 중요한 것은 이스라엘 백성인지 이민족인지가 아니라 하느님에 대한 참된 믿음과 고백이다. 그러므로 이민족들도 회개하고 믿으면 하느님 백성의 일원이 될 수 있다는 것이다.

룻기 내용

- 1장
  모압에서 베들레헴으로
- 2장
  룻의 노동
- 3장
  보아즈와 룻
- 4장
  보아즈와 혼인

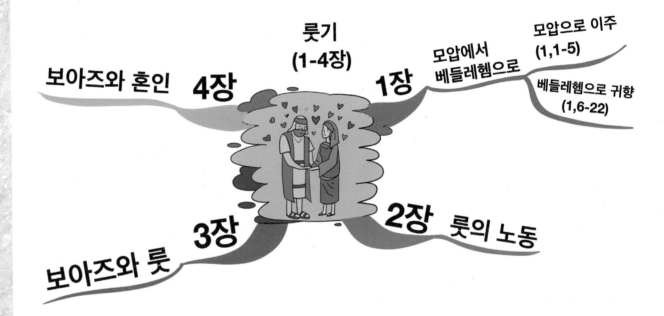

룻기
(1-4장)

보아즈와 혼인 **4장**

1장 모압에서
베들레헴으로

모압으로 이주
(1,1-5)

베들레헴으로 귀향
(1,6-22)

보아즈와 룻 **3장**

2장 룻의 노동

● 1장 : 모압에서 베들레헴으로 / 2장 : 룻의 노동 / 3장 : 보아즈와 룻 / 4장 : 보아즈와 혼인

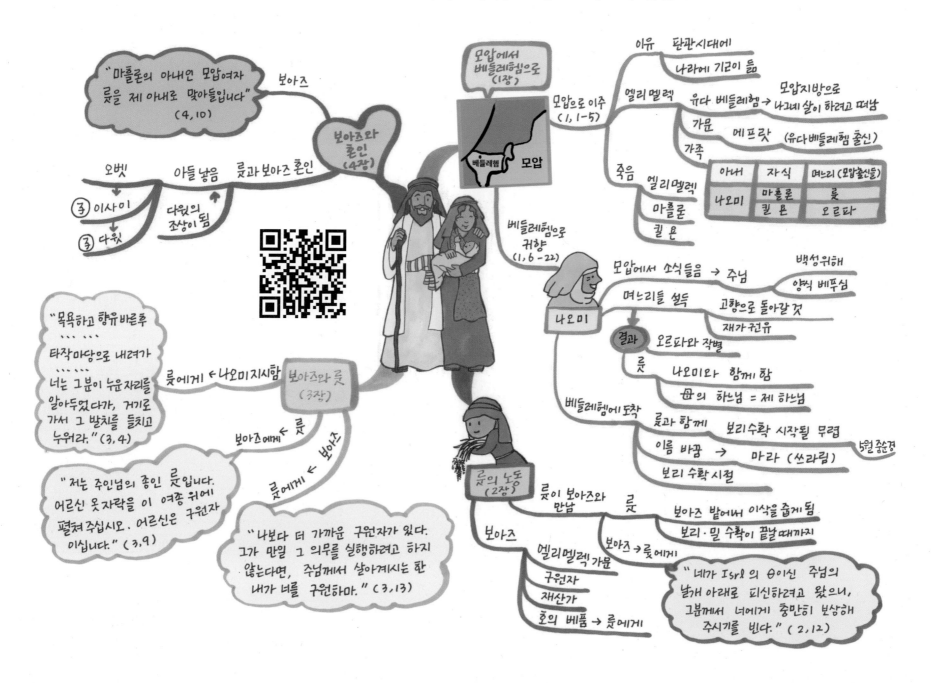

"마흘론의 아내인 모압여자 룻을 제 아내로 맞아들입니다" (4,10)

보아즈

보아즈와 혼인 (4장)

오벳 ← 아들 낳음 ← 룻과 보아즈 혼인

③ 이사이 → ③ 다윗

다윗의 조상이 됨

모압에서 베들레헴으로 (1장)

모압으로 이주 (1,1-5)

이유 — 판관시대에 — 나라에 기근이 듦

엘리멜렉 — 유다 베들레헴 → 모압지방으로 나그네 살이 하려고 떠남

가문 — 메프랏 (유다베들레헴 출신)

가족

죽음 — 엘리멜렉 / 마흘론 / 킬욘

아내	자식	며느리 (모압출신들)
나오미	마흘론	룻
	킬욘	오르파

베들레헴으로 귀향 (1,6-22)

나오미

모압에서 소식들음 → 주님 — 백성위해 / 양식 베푸심

며느리들 설득 — 고향으로 돌아갈 것 / 재가 권유

결과

오르파 — 오르파와 작별

룻 — 나오미와 함께 함 / 母의 하느님 = 제 하느님

베들레헴에 도착 — 룻과 함께 / 보리수확 시작될 무렵 — 5월 중순경 / 이름 바꿈 → 마라 (쓰라림) / 보리 수확 시절

"목욕하고 향유 바른후 ····· 타작마당으로 내려가 ····· 너는 그분이 누운 자리를 알아두었다가, 거기로 가서 그 발치를 들치고 누워라." (3,4)

룻에게 ← 나오미 지시함

보아즈와 룻 (3장)

보아즈에게 ← 룻

룻에게 ← 보아즈

"저는 주인님의 종인 룻입니다. 어르신 옷자락을 이 여종 위에 펼쳐 주십시오. 어르신은 구원자 이십니다." (3,9)

"나보다 더 가까운 구원자가 있다. 그가 만일 그 의무를 실행하려고 하지 않는다면, 주님께서 살아계시는 한 내가 너를 구원하마." (3,13)

룻의 노동 (2장)

룻이 보아즈와 만남

보아즈 — 엘리멜렉 가문 / 구원자 / 재산가 / 호의 베풂 → 룻에게

보아즈 → 룻에게

룻 — 보아즈 밭에서 이삭을 줍게 됨 / 보리·밀 수확이 끝날때까지

"네가 Isr8 의 θ이신 주님의 날개 아래로 피신하려고 왔으니, 그분께서 너에게 충만히 보상해 주시기를 빈다." (2,12)

룻기　묻고 답하기

1. [모압으로 이주]

 - 엘리멜렉의 가족이 모압으로 이주하게 된 까닭은 무엇입니까?

2. [모압으로 이주]

 - 모압 지역에 가서 혼인하게 된 엘리멜렉의 두 며느리는 누구 누구였습니까?

3. [베들레헴으로 귀향]

 - 남편과 두 아들과 사별한 나오미가 고향으로 돌아오게 되었을 때 둘째
   며느리 룻은 어떻게 하였습니까?

4. [룻의 노동]

 - 룻이 보아즈와 만나게 된 계기는 무엇이었습니까?

5. [보아즈와 룻]

 - 시어머니 나오미의 지시를 받은 룻은 친척 보아즈에게 어떤 청을 드렸습니까?

6. [보아즈와 혼인]

 - 보아즈와 혼인한 룻이 낳은 아들은 누구의 조상이 되었습니까?

삶에 적용하기

※나는 성경 속 어떤 인물과 닮았나요? 성경 속 여인들의 삶과 현재를 살고 있는 여인들의 삶의 모습을 비교해 보세요.

50

사무엘기 상·하권

Saul and David, the Subtle Danger of Power

총 31장으로 구성된 사무엘기 상권과

총 24장으로 구성된 사무엘기 하권은

이스라엘의 왕정 시대를 담은 책으로,

이스라엘 왕국의 기초를 놓은 사무엘과 사울,

다윗 임금에 이르는 역사를 담고 있다.

1. 책이름

사무엘기 책이름은 사무엘이 사울과 다윗을 도유하면서 왕정 도입 과정에 가장 주도적 역할을 했기 때문에 지어진 이름이라 본다. 그리스말 성경에서는 '바실레이아'(왕국기)라 부르며, 히브리말 성경에서는 '세페르 쉐무엘'이며 '사무엘의 책'이란 뜻을 지닌다.

2. 저자와 저술 연대

저자(편집자)는 사무엘과 사울을 통해 하느님에 대한 절대적인 순종을 강조하는 점으로 보아 신명기계 역사가들이라 본다.

사무엘기의 작중 연대는 이스라엘이 왕정 제도를 도입하기 직전부터 직후까지이다. 곧, 기원전 1030년 전후이다. 왕정 도입 직전에 이스라엘은 두 가지 위기 상황을 맞는다. 내적으로는 지도자의 부재이며, 외적으로는 필리스티아인들의 침략이다. 이런 상황에서 하느님 말씀을 제대로 전달해 줄 수 있는 예언직의 확립과 외적을 막아낼 수 있는 왕정 제도의 도입이 대안으로 떠오른다. 이 두 제도를 정착시키는 책임자로 사무엘이 선택된 것이다.

저술 연대는 솔로몬 치하에서 편집되었다가 기원전 587년 유다 왕국이 멸망한 후 바빌론 유배 중 최종 편집되어 작품화 되었다.

3. 신학 사상

사무엘기에서 사울은 사무엘 예언자를 통해서 전해진 하느님의 뜻을 저버린 탓에 실패한 임금의 전형이 되었다. 반면 다윗은 나탄과 가드 예언자를 통해서 전달된 하느님의 뜻을 충실히 받아들여 모든 면에서 성공한 임금의 전형이 된다. 왕정의 성공 여부는 임금이 이스라엘의 참 임금이신 하느님의 명을 제대로 받드느냐 아니냐에 달려 있다. 왜냐하면 첫째, 이스라엘 백성은 어느 한 인간(임금)의 백성이 아니라 하느님의 백성이다. 둘째, 이스라엘 백성의 임금은 통수권을 쥔 절대권자가 아니라 하느님의 뜻을 전하는 대리자이기(왕권신수설) 때문이다.

여러분은 오로지 주님만을 경외하고 마음을 다하여 그분만을 충실하게 섬기시오. 그리고 주님께서 여러분에게 해 주신 위대한 일을 똑똑히 보시오.

(1사무 12,24)

사무엘기 상권 내용

● 1사무 1 – 7장
사무엘

● 1사무 8 – 15장
사무엘과 사울

● 1사무 16 – 31장
사울과 다윗

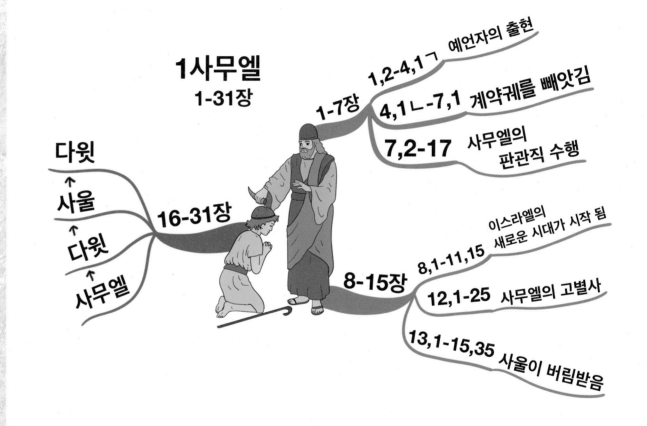

1사무엘
1-31장

1-7장

1,2-4,1ㄱ 예언자의 출현

4,1ㄴ-7,1 계약궤를 빼앗김

7,2-17 사무엘의 판관직 수행

16-31장

다윗
↑
사울
↑
다윗
↑
사무엘

8-15장

8,1-11,15 이스라엘의 새로운 시대가 시작 됨

12,1-25 사무엘의 고별사

13,1-15,35 사울이 버림받음

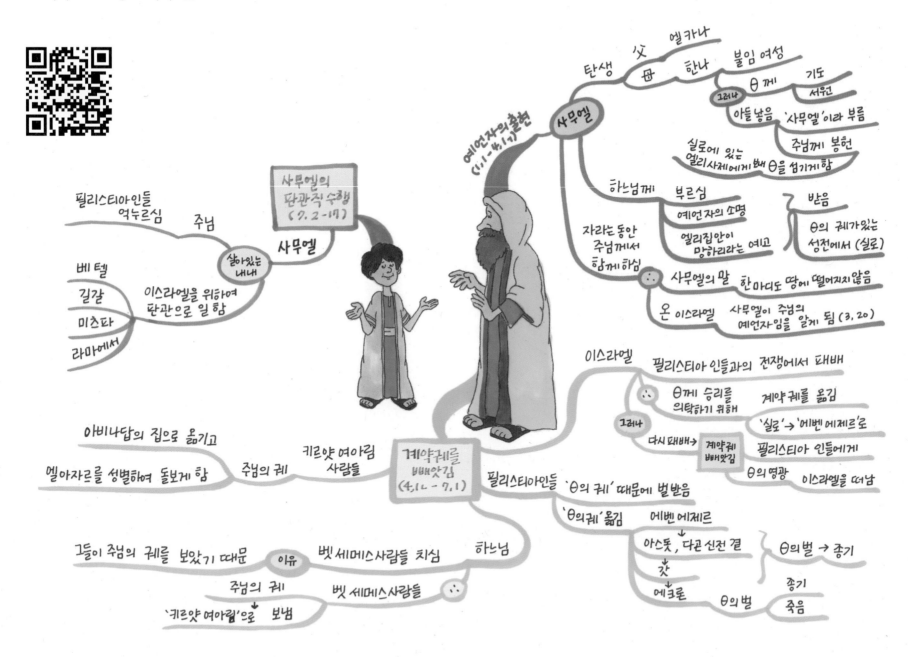

예언자의 출현 (1,1~4,1)

사무엘

탄생
父 엘카나
母 한나 불임 여성
그러나
θ께
기도
서원
아들 낳음 '사무엘'이라 부름
주님께 봉헌
실로에 있는 엘리사제에게 뼈 θ을 섬기게 함

하느님께 부르심
예언자의 소명
엘리집안이 망하리라는 예고

받음
θ의 궤가있는 성전에서 (실로)

자라는 동안 주님께서 함께 하심
사무엘의 말 한 마디도 땅에 떨어지지 않음
온 이스라엘 사무엘이 주님의 예언자임을 알게 됨 (3, 20)

사무엘의 판관직 수행 (7. 2-17)

사무엘

필리스티아인들 억누르심
주님
살아있는 내내
이스라엘을 위하여 판관으로 일 함

베텔
길갈
미츠파
라마에서

이스라엘
필리스티아 인들과의 전쟁에서 패배
θ께 승리를 의탁하기 위해 계약 궤를 옮김
그러나 '실로' → '에벤 에제르'로
다시 패배 → 계약궤 뼈앗김 필리스티아 인들에게
θ의 영광 이스라엘을 떠남

계약궤를 뼈앗김 (4,1 - 7,1)

주님의 궤
키르얏 여아림 사람들
아비나답의 집으로 옮기고
엘아자르를 성별하여 돌보게 함

필리스티아인들 'θ의 궤' 때문에 벌받음
'θ의궤' 옮김
에벤 에제르
아스돗 → 다곤 신전 곁 → θ의 벌 → 종기
갓
에크론 θ의 벌 종기 죽음

그들이 주님의 궤를 보았기 때문
이유
벳 세메스사람들 치심
하느님
주님의 궤
벳 세메스사람들
'키르얏 여아림'으로 보냄

56

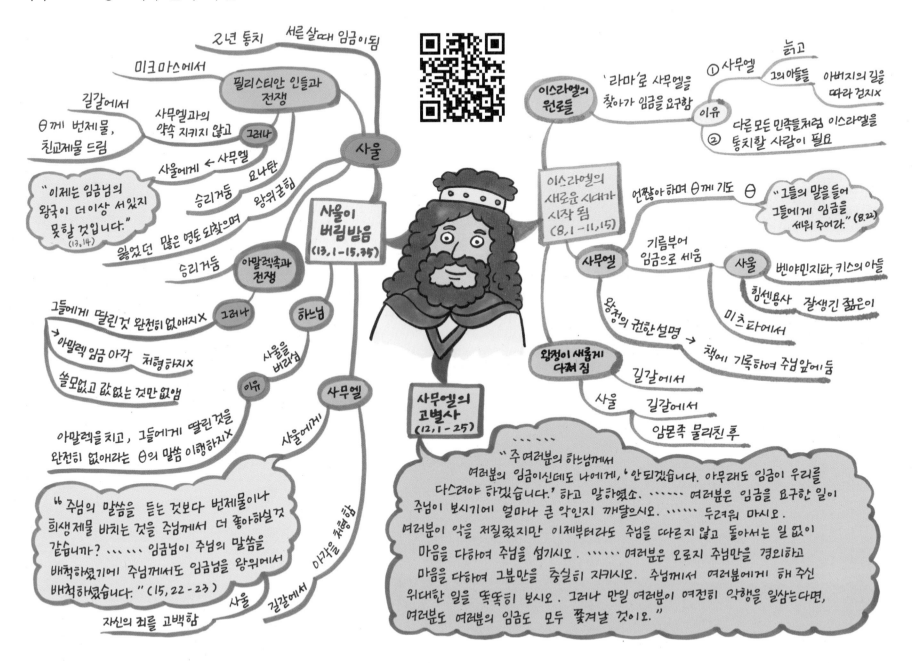

2년 통치

서른 살 때 임금이 됨

미크마스에서

필리스티아인들과 전쟁

길갈에서

Ɵ께 번제물, 친교제물 드림

사무엘과의 약속 지키지 않고

그러나

사울에게 ← 사무엘

승리 거둠

요나탄

왕위 굳힘

"이제는 임금님의 왕국이 더 이상 서있지 못할 것입니다." (13,14)

잃었던 많은 영토 되찾으며

승리 거둠

아말렉족과 전쟁

사울

이스라엘의 원로들

'라마'로 사무엘을 찾아가 임금을 요구함

① 사무엘

늙고

그의 아들들

아버지의 길을 따라 걷지X

이유

② 다른 모든 민족들처럼 이스라엘을 통치할 사람이 필요

이스라엘의 새로운 시대가 시작 됨 (8,1 - 11,15)

언짢아 하며 Ɵ께 기도

Ɵ "그들의 말을 들어 그들에게 임금을 세워 주어라." (8,22)

사무엘

기름부어 임금으로 세움

사울

벤야민지파, 키스의 아들

힘센 용사 잘생긴 젊은이

미츠파에서

왕정의 권한 설명 → 책에 기록하여 주님 앞에 둠

왕정이 새롭게 다져 짐

길갈에서

사울

길갈에서

암몬족 물리친 후

사울이 버림받음 (13,1 - 15,35)

그들에게 딸린 것 완전히 없애지X

그러나

하느님

사울을 버리심

→ 아말렉 임금 아각 처형하지X

쓸모없고 값 없는 것만 없앰

이유

사무엘

사울에게

아말렉을 치고, 그들에게 딸린 것을 완전히 없애라는 Ɵ의 말씀 이행하지X

"주님의 말씀을 듣는 것보다 번제물이나 희생제물 바치는 것을 주님께서 더 좋아하실것 같습니까? ...... 임금님이 주님의 말씀을 배척하셨기에 주님께서도 임금님을 왕위에서 배척하셨습니다." (15,22 - 23)

아각을 처형함

사울

자신의 죄를 고백함

길갈에서

사무엘의 고별사 (12,1 - 25)

"주 여러분의 하느님께서 여러분의 임금이신데도 나에게, '안 되겠습니다. 아무래도 임금이 우리를 다스려야 하겠습니다.' 하고 말하였소. ...... 여러분은 임금을 요구한 일이 주님이 보시기에 얼마나 큰 악인지 깨달으시오. ...... 두려워 마시오. 여러분이 악을 저질렀지만 이제부터라도 주님을 따르지 않고 돌아서는 일 없이 마음을 다하여 주님을 섬기시오. ...... 여러분은 오로지 주님만을 경외하고 마음을 다하여 그분만을 충실히 지키시오. 주님께서 여러분에게 해 주신 위대한 일을 똑똑히 보시오. 그러나 만일 여러분이 여전히 악행을 일삼는다면, 여러분도 여러분의 임금도 모두 쫓겨날 것이오."

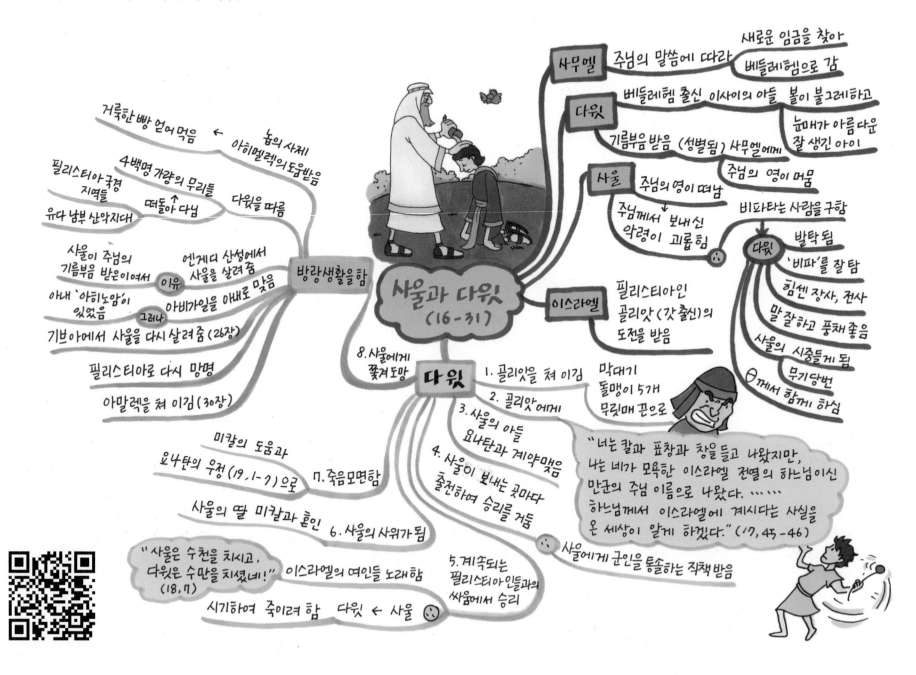

사무엘 — 주님의 말씀에 따라 — 새로운 임금을 찾아 — 베들레헴으로 감

다윗 — 베들레헴 출신 이사이의 아들 — 볼이 불그레하고 — 눈매가 아름다운 잘 생긴 아이

기름부음 받음 (성별됨) 사무엘에게 — 주님의 영이 머묾

사울 — 주님의 영이 떠남 — 주님께서 보내신 악령이 괴롭힘 — 비파타는 사람을 구함

다윗 — 발탁됨 — '비파'를 잘 탐 — 힘센 장사, 전사 — 말 잘하고 풍채 좋음 — 사울의 시중들게 됨 — 무기당번 — ☐께서 함께 하심

이스라엘 — 필리스티아인 골리앗(갓 출신)의 도전을 받음

거룩한 빵 얻어 먹음 ← 놉의 사제 아히멜렉의 도움받음

필리스티아 국경 지역들 4백명 가량의 무리들 떠돌아 다님 다윗을 따름

유다 남부 산악지대

사울이 주님의 기름부음 받은 이여서 — 이유 — 엔게디 산성에서 사울을 살려 줌

방랑생활을 함

아내 '아히노암'이 있었음 — 그러나 — 아비가일을 아내로 맞음

기브아에서 사울을 다시 살려줌 (26장)

필리스티아로 다시 망명

아말렉을 쳐 이김 (30장)

8. 사울에게 쫓겨 도망

사울과 다윗 (16-31)

다윗

1. 골리앗을 쳐 이김 — 막대기 돌맹이 5개 무릿매 끈으로

2. 골리앗에게

3. 사울의 아들 요나탄과 계약맺음

4. 사울이 보내는 곳마다 출전하여 승리를 거듭

"너는 칼과 표창과 창을 들고 나왔지만, 나는 네가 모욕한 이스라엘 전열의 하느님이신 만군의 주님 이름으로 나왔다. …… 하느님께서 이스라엘에 계시다는 사실을 온 세상이 알게 하겠다." (17,45-46)

미칼의 도움과 요나탄의 우정 (19,1-7)으로 — 7. 죽음 모면함

사울의 딸 미칼과 흔인 — 6. 사울의 사위가 됨

"사울은 수천을 치시고, 다윗은 수만을 치셨네!" 이스라엘의 여인들 노래함 (18,7)

시기하여 죽이려 함 다윗 ← 사울

5. 계속되는 필리스티아인들과의 싸움에서 승리

사울에게 군인을 통솔하는 직책 받음

사무엘 상권 묻고 답하기

1. [1사무 1,1-4,1; 예언자의 출현 - 사무엘]
 - 사무엘의 부모님 이름을 적어보십시오. 모친은 어떻게 아들을 얻게 되었습니까?

2. [1사무 7,2-17; 사무엘의 판관직 수행 - 사무엘]
 - 사무엘은 일생 여러 곳에서 판관 직무를 수행하였습니다. 그 장소들을 적어보십시오.

3. [1사무 8,1-11,15; 이스라엘의 새로운 시대가 시작됨 - 사무엘]
 - 이스라엘 원로들이 라마에 있는 사무엘을 찾아가 임금을 요구하였을 때 첫 번 임금으로 뽑힌 이와 인물됨에 대해 적어보십시오.

4. [1사무 13,1-15,35; 사울이 버림받음 - 아말렉족과 전쟁]
 - 아말렉족과 전쟁 때에 승리를 거둔 후 사울이 실수한 것은 무엇이었습니까?

5. [1사무 16-31; 사울과 다윗 - 사울]
 - 사울이 비파 타는 다윗을 만나게 된 까닭은 무엇 때문이었습니까?

6. [1사무 16-31; 사울과 다윗 - 사울]
 - 다윗은 어떤 인물이라고 소개되고 있습니까? 요약 정리해 보세요.

7. [1사무 16-31; 사울과 다윗 - 다윗 - 계속되는 싸움에서 승리]
 - 사울 임금이 다윗을 시기하게 된 것은 무엇 때문이었습니까?

7. [1사무 16-31; 사울과 다윗 - 방랑 생활을 함]
 - 다윗은 사울 임금을 죽일 수 있었음에도 그렇게 하지 않았습니다. 그 까닭은 무엇이었습니까?

사무엘기 하권 내용

- **2사무 1 – 5장**
  온 이스라엘의 임금이 된 다윗

- **2사무 6 – 12장**
  계약궤와 나탄의 예언

- **2사무 13–24장**
  다윗과 압살롬 / 부록

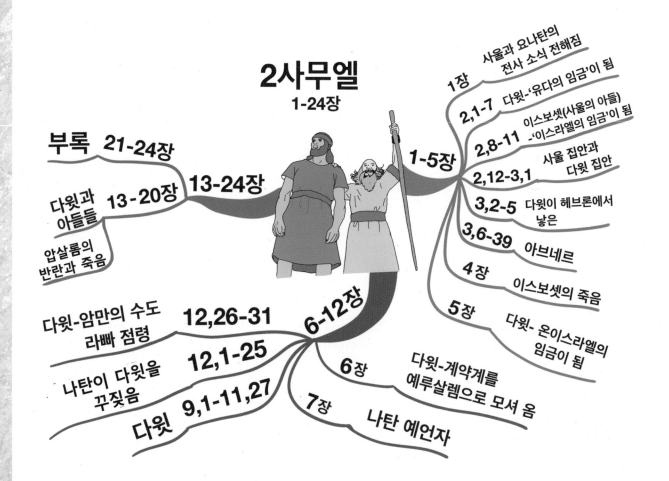

2사무엘
1-24장

부록 21-24장

다윗과 아들들 **13 – 20장**

13-24장

압살롬의 반란과 죽음

다윗-암만의 수도 라빠 점령 **12,26-31**

6-12장

나탄이 다윗을 꾸짖음 **12,1-25**

다윗 **9,1-11,27**

6장 다윗-계약계를 예루살렘으로 모셔 옴

7장 나탄 예언자

1-5장

1장 사울과 요나탄의 전사 소식 전해짐

2,1-7 다윗-'유다의 임금'이 됨

2,8-11 이스보셋(사울의 아들) -'이스라엘의 임금'이 됨

2,12-3,1 사울 집안과 다윗 집안

3,2-5 다윗이 헤브론에서 낳은

3,6-39 아브네르

4장 이스보셋의 죽음

5장 다윗- 온이스라엘의 임금이 됨

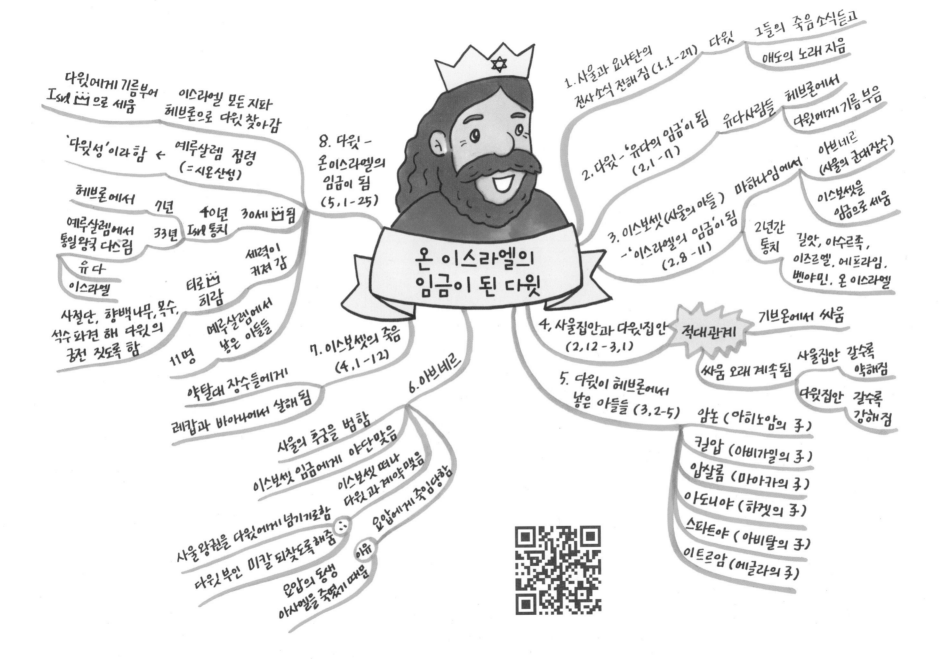

온 이스라엘의 임금이 된 다윗

1. 사울과 요나탄의 전사소식 전해짐 (1.1-27)
- 다윗 그들의 죽음 소식듣고
- 애도의 노래 지음

2. 다윗 - '유다의 임금'이 됨 (2.1-7)
- 유다사람들 헤브론에서 다윗에게 기름 부음

3. 이스보셋(사울의 아들) - '이스라엘의 임금'이 됨 (2.8-11)
- 마하나임에서
- 아브네르 (사울의 군대장수)
- 이스보셋을 임금으로 세움
- 2년간 통치
- 길앗, 아수르족, 이즈르엘, 에프라임, 벤야민, 온 이스라엘

4. 사울집안과 다윗집안 (2.12-3.1) — 적대관계
- 기브온에서 싸움
- 싸움 오래 계속됨
- 사울집안 갈수록 약해짐
- 다윗집안 갈수록 강해짐

5. 다윗이 헤브론에서 낳은 아들들 (3.2-5)
- 암논 (아히노암의 子)
- 킬압 (아비가일의 子)
- 압살롬 (마아카의 子)
- 아도니야 (하깃의 子)
- 스파트야 (아비탈의 子)
- 이트르암 (에글라의 子)

6. 아브네르
- 사울의 후궁을 범함
- 이스보셋 임금에게 야단맞음
- 이스보셋 떠나 다윗과 계약맺음
- 사울왕권을 다윗에게 넘기로함
- 다윗부인 미칼 되찾도록 해줌
- 요압에게 죽임당함
- 이유 : 요압의 동생 아사엘을 죽였기 때문

7. 이스보셋의 죽음 (4.1-12)
- 약탈대 장수들에게
- 레캅과 바아나에서 살해됨

8. 다윗 - 온이스라엘의 임금이 됨 (5.1-25)
- 다윗에게 기름부어 Isr 임금으로 세움
- 이스라엘 모든 지파 헤브론으로 다윗 찾아감
- 예루살렘 점령 (=시온산성)
- '다윗성'이라 함
- 헤브론에서 7년
- 예루살렘에서 통일왕국 다스림 33년
- 40년 Isr 통치
- 30세 임금 됨
- 유다
- 이스라엘
- 티로 임금 히람
- 세력이 커져 감
- 예루살렘에서 낳은 아들들 11명
- 사철단, 향백나무, 목수, 석수 파견 해 다윗의 궁전 짓도록 함

● 2사무 6 - 12장 : 계약궤와 나탄의 예언

계약궤와 나탄의 예언 (2사무 6-12)

(12, 26-31) 5. 다윗 - 라빠 점령 ← 암몬의 수도

4. 나탄의 재난고지와 그 결과 (12,1-25)

다윗 꾸짖음 ← 나탄

집안에서 칼부림이 영원히 그치지 않을 것

θ의 말씀전함

"내가 주님께 죄를 지었소." 다윗

재앙이 일어날 것

이웃에게 ← 다윗의 아내들
넘겨질 것

호의 베품 (9,1 -13)

사울의 모든 땅 돌려주고

사울의 후손 요나탄의 아들 므피보셋에게

임금의 식탁에서 음식 먹게 함

암몬과 아람 쳐부숨 (10,1-19)

3. 다윗

우리야를 죽이고 밧 세바를 차지 (11,1-2,7)

히타이트 사람 우리야의 아내

밧세바

다윗의 아이 임신

아이 죽음

그러나

후에 솔로몬 출산

1. 다윗 - 계약궤를 예루살렘으로 모셔옴 (6,1-23)

유다 바알라 (= 키르얏 여아림)
↓
아비나답의 집에서 새 수레에 실어옮김

나콘의 타작마당

θ의 궤 붙들었던 우짜 죽음

계약궤 옮김

갓 사람 오벳 에돔의 집

석 달 머뭄

θ께서 복을 내리심

다윗성으로 옮김 다윗

아마포 에폿을 입고 온 힘을 다하여 주님 앞에서 춤을 춤

온 이스라엘 함성 올리고 나팔붐

천막안 제자리에 안치시킴

2. 나탄예언자 (7,1 -29)

다윗 → 나탄에게

예언내용 θ께서

다윗의 감사기도

"나는 향백나무 궁에서 사는데 하느님의 궤는 천막에 머무르고 있소" (7,2)

다윗임금을 모든 원수에게서 평온하게 해 주실 것임

다윗임금의 후손 일으켜 세우실 것임

● 2사무 13 - 24장 : 다윗과 압살롬 / 부록

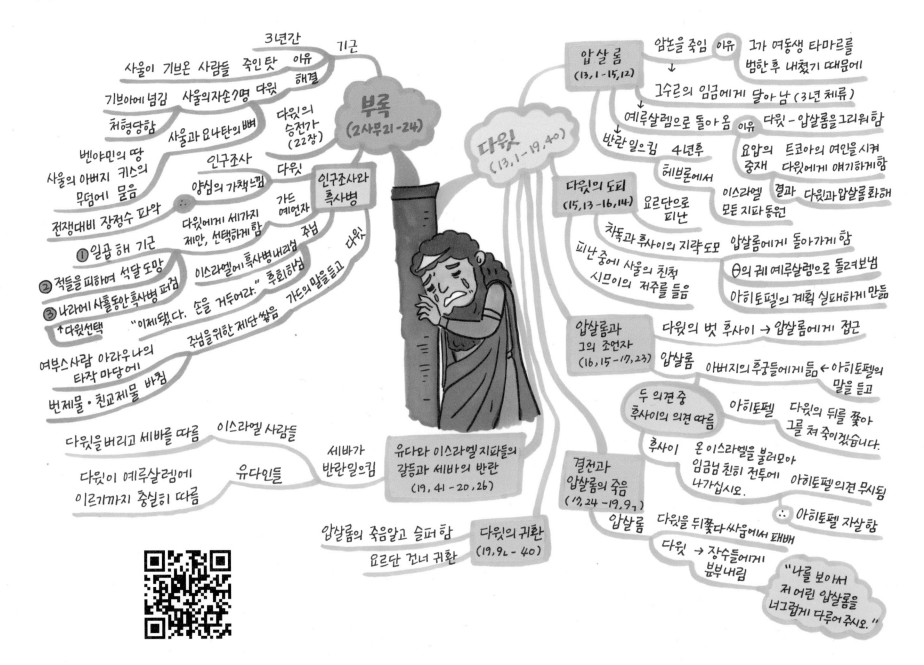

63

사무엘 하권 묻고 답하기

1. [2사무 1-5; 온 이스라엘의 임금이 된 다윗 - 다윗]

 - 다윗은 사울과 요나탄의 전사 소식을 들은 후 무엇을 하였습니까?

2. [2사무 1-5; 온 이스라엘의 임금이 된 다윗 - 이스 보셋]

 - 다윗이 헤브론에서 유다의 임금이 되던 날 마하나임에서 남 왕국 이스라엘의
 임금이 된 이스 보셋은 어디에서 누구의 도움을 받아 임금이 되었습니까?

3. [2사무 6-8; 계약궤와 나탄의 예언 - 다윗 - 계약궤를 옮김]

 - 다윗은 계약궤를 다윗성으로 옮길 때 어떤 행동을 하였습니까?

4. [2사무 13,1-19,40; 다윗 - 압살롬]

 - 암논을 죽인 후 그수르로 피신했던 압살롬을 예루살렘으로 돌아오게 한
 이는 누구였습니까? 압살롬은 돌아온 후 무엇을 하였습니까?

5. [2사무 6-12; 계약궤와 나탄의 예언, 계약궤 옮김]

 - 다윗성으로 계약궤를 옮길 때 다윗은 어떤 행동을 하였습니까?

6. [2사무 6-12; 계약궤와 나탄의 예언, 다윗]

 - 다윗은 사울의 후손 므피보셋에게 어떤 호의를 베풀었습니까?

7. [2사무 13,1-19,40; 압살롬]

 - 그수르로 달아났다가 예루살렘으로 돌아온 압살롬은 헤브론에서 무엇을
 하였습니까?

8. [부록 2사무 21-24장; 인구조사와 흑사병]

 - 가드 예언자는 인구조사를 해 양심의 가책을 느낀 다윗에게 어떤 제안을
 하였습니까?

삶에 적용하기

※한나와 마리아처럼 좋아하는 성가 노랫말을 써보세요

- 한나의 노래 -	- 마리아의 노래 -	- 좋아하는 성가 노랫말 적기 -
"제 마음이 주님 안에서 기뻐 뛰고 제 이마가 주님 안에서 높이 들립니다. 제 입이 원수들을 비웃으니 제가 당신의 구원을 기뻐하기 때문입니다. 주님처럼 거룩하신 분이 없습니다. 당신 말고는 아무도 없습니다. 저희 하느님 같은 반석은 없습니다. 너희는 교만한 말을 늘어놓지 말고 거만한 말을 너희 입 밖에 내지 마라. 주님은 정녕 모든 것을 아시는 하느님이시며 사람의 행실을 저울질하시는 분이시다. 용사들의 활은 부러지고 비틀거리는 이들은 힘으로 허리를 동여맨다. 배부른 자들은 양식을 얻으려 품을 팔고 배고픈 이들은 다시는 일할 필요가 없다. 아이 못낳던 여자는 일곱을 낳고 아들 많은 여자는 홀로 시들어 간다. 주님은 죽이기도 살리기도 하시는 분, 저승에 내리기도 올리기도 하신다. 주님은 가난하게도 가멸게도 하시는 분, 낮추기도 높이기도 하신다. 가난한 이를 먼지에서 일으키시고 궁핍한 이를 거름 더미에서 일으키시어 귀인들과 한자리에 앉히시며 영광스러운 자리를 차지하게 하신다." (1사무 2,1-8)	"내 영혼이 주님을 찬송하고 내 마음이 나의 구원자 하느님 안에서 기뻐 뛰니 그분께서 당신 종의 비천함을 굽어보셨기 때문입니다. 이제부터 과연 모든 세대가 나를 행복하다 하리니 전능하신 분께서 나에게 큰일을 하셨기 때문입니다. 그분의 이름은 거룩하고 그분의 자비는 대대로 당신을 경외하는 이들에게 미칩니다. 그분께서는 당신 팔로 권능을 떨치시어 마음속 생각이 교만한 자들을 흩으셨습니다. 통치자들을 왕좌에서 끌어내리시고 비천한 이들을 들어 높이셨으며 굶주린 이들을 좋은 것으로 배불리시고 부유한 자들을 빈손으로 내치셨습니다. 당신의 자비를 기억하시어 당신 종 이스라엘을 거두어 주셨으니 우리 조상들에게 말씀하신 대로 그 자비가 아브라함과 그 후손에게 영원히 미칠 것입니다." (루카 1,40-55)	

열왕기 상·하권

From Wisdom to Folly, from Glory to Ashes

총 22장으로 구성된 열왕기 상권과

총 25장으로 구성된 열왕기 하권은

이스라엘의 역사 중 왕정 시대를 다룬 책으로

다윗 말년과 죽음으로 시작하여

솔로몬부터 나라가 멸망하여 남북으로 분열되기까지의

왕국사를 기록하고 있는 책이다.

1. 책이름

열왕기의 그리스말 성경 이름은 '바실레이아(왕국기) 감마, 델타'이며, 히브리말 성경 이름은 '멜라킴 알렙, 베트'이며, 멜라킴은 '임금들, 임금들의 이야기'라는 뜻을 가진다.

2. 저자와 저술 연대

저자는 신명기계 역사가들이 자료들을 집성하고 편집한 것으로 본다.

작중 연대는 다윗 임금 말년(기원전 970년경)부터 바빌론 유배 초기(기원전 570년경)까지이다.

열왕기는 여러 단계를 거쳐 완성된 책이다. 최종 완성 시기는 바빌론 유배(기원전 587년) 이후에서부터 키루스 칙령 반포(기원전 538년) 이전까지로 본다.

3. 저술 목적

첫째, 남북 왕국의 몰락과 파괴가 국가의 최고 통치권자인 임금들의 잘못에서 비롯한 것이라는 신명기계 신학 사상을 근거로 지나간 왕정 역사를 서술하면서 하느님의 가르침을 이끌어 내는 것이다.

둘째, 바빌로니아인들이 예루살렘 성전을 파괴하고 이스라엘의 임금과 백성을 포로로 끌고 가서 실의에 빠진 유다인들과 그 후손들을 위로하는 것이다.

셋째, 이스라엘이 멸망한 이유는 하느님께서 다윗 왕조와의 약속을 파기하신 것이 아니라 이스라엘이 하느님과의 계약에 불충했기 때문임을 설명한다.

4. 신학 사상

첫째, 이스라엘과 유다의 임금 대다수가 신명기에서 요구하는 계명을 충실히 따르지 않았음을 지적한다. 그것은 그들이 이방인들의 신들을 섬긴 것과 예루살렘 성전 이외의 장소에서 주님께 제사를 바치고 예배를 드린 것이다.

둘째, 임금들의 성공 여부는 하느님께 대한 충성과 계명의 준수를 기준으로 가늠한다. 그러므로 성공한 임금의 예는 다윗이고 실패한 임금의 예는 예로보암이다.

셋째, 다윗 왕조에 대한 하느님의 특별한 호의와 다윗 후손들이 예루살렘에서 언제나 다스릴 것이라는 하느님의 약속이다

그러니 당신 종에게 듣는 마음을 주시어 당신 백성을 통치하고 선과 악을 분별할 수 있게 해 주십시오.

(1열왕 3,9)

열왕기 상권 내용

- 1열왕 1 - 11장
  다윗의 통치 말년에서
  솔로몬의 통치

- 1열왕 12,1 - 16,28
  왕국 분열, 북왕조

- 1열왕 16,29 - 22,54
  북왕조, 남왕조

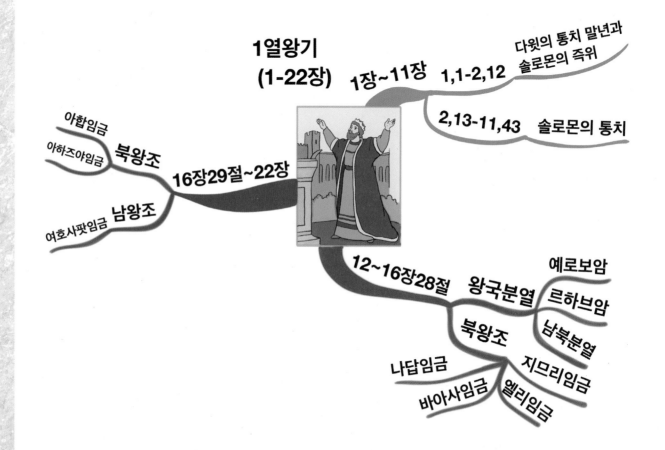

1열왕기
(1-22장) **1장~11장** **1,1-2,12** 다윗의 통치 말년과 솔로몬의 즉위

2,13-11,43 솔로몬의 통치

아합임금
아하즈야임금 **북왕조**
16장29절~22장
여호사팟임금 **남왕조**

12~16장28절 **왕국분열** 예로보암
르하브암
북왕조 남북분열
나답임금 지므리임금
바아사임금 엘라임금

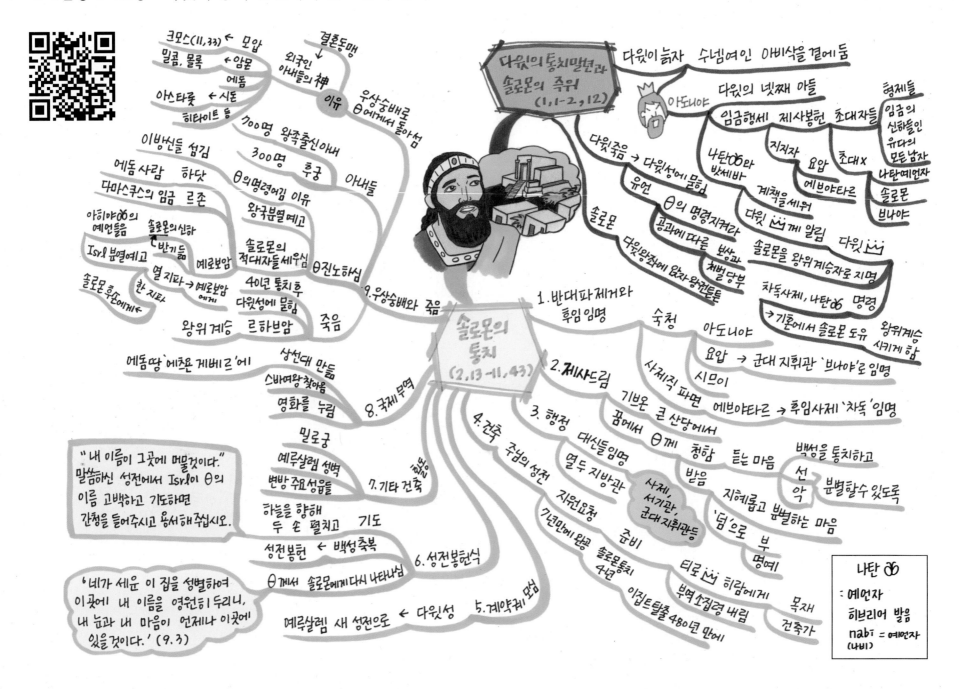

● 1열왕 12,1 - 16,28 : 왕국 분열, 북왕조

유다와 이스라엘 왕들 연표

기원 전	유다 왕들	Isrl 왕들	기원 전
930 - 913	르하브암	예로보암 1세	930 - 909
913 - 910	아비얌		
910 - 869	아사	나답	909 - 908
		바아사	908 - 886
		엘라	886 - 885
		지므리	885 (7일간 재위)
		오므리	885 - 874
872 - 848	여호사팟	아합	874 - 853

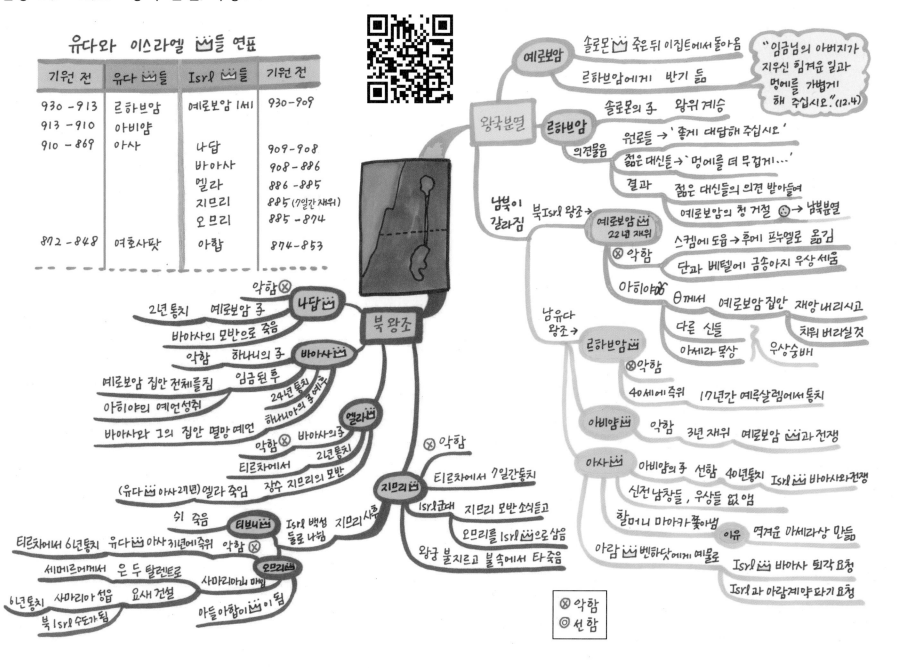

왕국분열

예로보암
- 솔로몬 왕 죽은 뒤 이집트에서 돌아옴
- 르하브암에게 반기 듦

"임금님의 아버지가 지우신 힘겨운 일과 멍에를 가볍게 해 주십시오." (12,4)

르하브암
- 솔로몬의 子 왕위 계승
- 의견물음
  - 원로들 → '좋게 대답해 주십시오'
  - 젊은 대신들 → '멍에를 더 무겁게…'
  - 결과 → 젊은 대신들의 의견 받아들여 예로보암의 청 거절 ☹ → 남북분열

남북이 갈라짐

북Isrl 왕조 →
예로보암 왕 22년 재위
- ⊗ 악함
  - 스켐에 도읍 → 후에 프누엘로 옮김
  - 단과 베텔에 금송아지 우상 세움
- 아히야 예언
  - θ께서 예로보암 집안 재앙 내리시고 치워 버리실 것
  - 다른 신들
  - 아세라 목상
  - 우상숭배

남유다 왕조 →
르하브암 왕
- ⊗ 악함
- 40세에 즉위 17년간 예루살렘에서 통치

아비얌 왕
- 악함 3년 재위 예로보암 왕과 전쟁

아사 왕
- 아비얌의 子 선함 40년통치 Isrl 왕 바아사와 전쟁
- 신전 남창들, 우상들 없앰
- 할머니 마아카 쫓아냄
  - 이유 역겨운 아세라상 만듦
- 아람 왕 벤하닷에게 예물로
  - Isrl 왕 바아사 퇴각 요청
  - Isrl과 아람 계약 파기 요청

북왕조

나답 왕 ⊗ 악함
- 2년 통치 예로보암 子
- 바아사의 모반으로 죽음

바아사 왕 ⊗ 악함 하나니의 子
- 임금 된 후 24년 통치
- 예로보암 집안 전체를 침
- 아히야의 예언 성취
- 하나니의 子 예후
- 바아사와 그의 집안 멸망 예언

엘라 왕 ⊗ 악함 바아사의 子
- 2년통치 티르차에서
- (유다 왕 아사 26년) 엘라 죽임
- 장수 지므리의 모반

지므리 왕 ⊗ 악함
- 티르차에서 7일간 통치
- Isrl 군대 지므리 모반 소식 듣고
- 오므리를 Isrl 왕으로 삼음
- 왕궁 불지르고 불 속에서 타 죽음

티브니 왕 ⊗ 악함
- 티르차에서 6년통치 유다 왕 아사 31년에 죽음
- 쉬 죽음
- Isrl 백성 지므리 사후 둘로 나뉨

오므리 왕 ⊗ 악함
- 세메르에게서 은 두 탈렌트로 사마리아山 매입 요새 건설
- 6년통치 사마리아 정착
- 북Isrl 수도가 됨
- 아들 아합이 왕 이 됨

☒ 악함
◎ 선함

71

● 1열왕 16,29 - 22,54 : 북왕조, 남왕조

유다와 이스라엘 임금들 연표

기원 전	유다임금들	Isrl임금들	기원 전
872~848	여호사팟	아합	874~853
		아하즈야	853~852

1열왕
16,29~22,54

남왕조

북왕조

아합
1. 오므리의 子 (1열왕 16,29~) 악행
2. 유다 아사 38년즉위 20년간 통치 사마리아에서
3. 시돈의 딸 이제벨과 혼인 이제벨위하 사마리아에 바알신전 세우고 예배드림

4. 엘리야 티스비사람 (17,1)
아합에게 가뭄예언후 요르단 동쪽 크릿시내에 숨어지냄
3년후 시돈의 사랩타로 옮김 과부에게 기적
θ의 명으로 아합만남 → "임금님은 바알을 따랐습니다." (18,18)
카르멜산에서 바알 450명과 대결
결과 바알 모두학살 Isrl 백성에게 주님=참 θ이심 증명 가뭄 끝남
호렙산으로 피신
이제벨의 살해음모
엘리야 θ을 만남 조용하고 부드러운 소리로
θ의 명을 받음 하자엘 도유하여 아람으로 세워라
예후도유 → Isrl으로 세워라
엘리사도유 → 예언직 승계토록 하라
엘리사를 부름 자기 겉옷을 그에게 걸쳐줌

여호사팟
Isrl 아합 제4년 35세즉위
예루살렘에서 25년통치
Isrl과 화평맺음
그러나 신전 남창들 없앰
신당들 없애지X

아하즈야 악행 아합의 子
사마리아에서 2년통치 유다 여호사팟 제17년 즉위 옥상방난간에서 떨어짐
에크론의 신에게 문의
엘리야 그의 죽음예고

미카야의 패전예고 유다 여호사팟과 동맹
라못 길앗 찾기위해 7. 아람과의 3년전쟁
라못 길앗에서 아합의 전사
엘리야의 재앙예고 들음 아합과 이제벨 이제벨의 계략으로 6. 포도밭을 빼앗음
아합이 뉘우침 나봇의
주님의 도움으로 Isrl 승리 ← 5. 사마리아 침공
아람 벤하닷의

열왕기 상권 묻고 답하기

1. [다윗의 통치 말년과 솔로몬의 즉위]
- 다윗이 늙자 그의 넷째 아들 아도니야가 왕위를 물려받으려 할 때 솔로몬을 왕좌에 오르도록 계책을 세운 이들은 누구였습니까?

2. [솔로몬의 통치 - 제사 드림]
- 솔로몬은 꿈에서 하느님께 듣는 마음을 청했는데 하느님이 그에게 선물로 주신 것은 무엇이었습니까?

3. [1열왕 12,1-16,28: 왕국 분열 - 르하브암]
- 솔로몬 임금 사후 이스라엘은 남북으로 나라가 나누이게 됩니다. 솔로몬의 아들 르하브암은 어떤 실수를 저질러 왕국의 분열을 초래시켰습니까?

4. [1열왕 12,1-16,28: 왕국 분열 - 남북이 갈라짐]
- 북 이스라엘 왕조의 예로보암 임금은 어디에 도읍지를 정하였습니까? 몇 년간 재임하였습니까?

5. [1열왕 16,29-22,54: 북 왕조 - 아합 임금]
- 오므리의 아들 아합은 시돈 임금의 딸 이제벨과 혼인하여 사마리아에 무엇을 도입하였습니까?

6. [1열왕 16,29-22,54: 북 왕조 - 아합 임금 - 4. 엘리야 예언자]
- 엘리야 예언자는 카르멜 산에서 어떤 일을 감행하였습니까?

7. [1열왕 16,29-22,54: 남 왕조 - 여호사팟 임금]
- 35세에 즉위하여 24년간 유다 왕국을 통치한 여호사팟 임금은 이스라엘 임금과 어떤 관계를 맺었습니까?

열왕기 하권 내용

- 2열왕 1 - 11장

  엘리야 예언자 시대의 북 왕국, 남 왕국

- 2열왕 12 - 15장

  북 왕국, 남 왕국

- 2열왕 16 - 20장

  북 왕국의 몰락과 남 왕국

- 2열왕 21 - 23장

  북 왕국 멸망 후 유다 왕국의 패망까지

- 2열왕 23,35-25장

  유다 왕국의 마지막 임금들

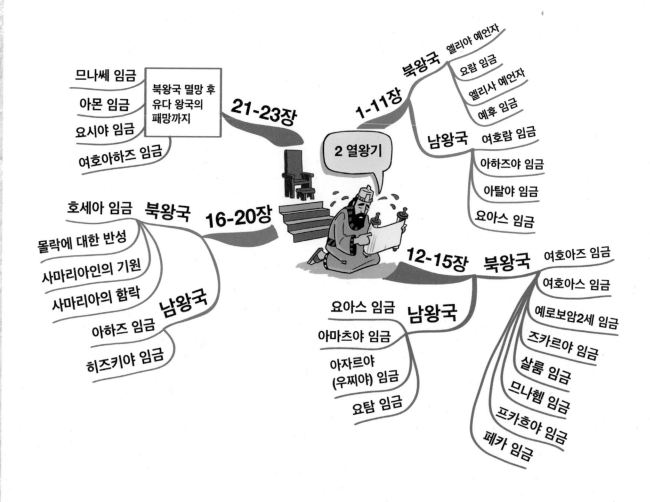

므나쎄 임금
아몬 임금
요시야 임금
여호아하즈 임금
북왕국 멸망 후 유다 왕국의 패망까지
21-23장

북왕국 1-11장
엘리야 예언자
요람 임금
엘리사 예언자
예후 임금

남왕국
여호람 임금
아하즈야 임금
아탈야 임금
요아스 임금

2 열왕기

호세아 임금 북왕국 16-20장
몰락에 대한 반성
사마리아인의 기원
사마리아의 함락
남왕국
아하즈 임금
히즈키야 임금

12-15장 북왕국
여호아즈 임금
여호아스 임금
예로보암2세 임금
즈카르야 임금
살룸 임금
므나헴 임금
프카흐야 임금
페카 임금

요아스 임금 남왕국
아마츠야 임금
아자르야
(우찌야) 임금
요탐 임금

● 2열왕 1 - 11장 : 엘리야 예언자 시대의 북 왕국, 남 왕국

유다와 이스라엘 임금들

기원 전	유다 임금들	이스라엘 임금들	기원 전
848~841	여호람	요람	852~841
841	아하즈야	예후	841~814
841~835	아탈야		

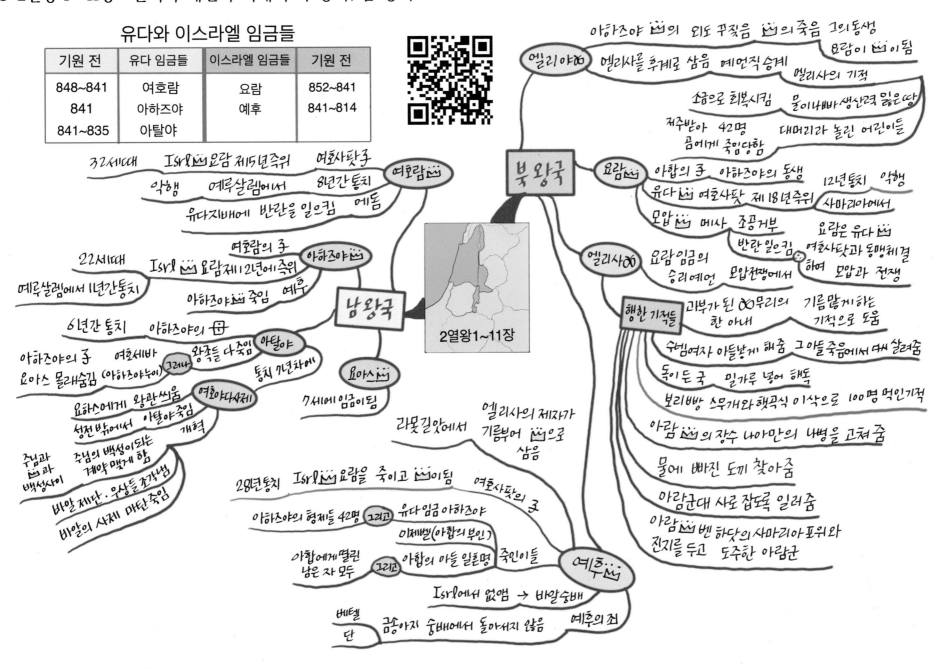

● 2열왕 12 - 15장 : 북 왕국, 남 왕국

유아와 이스라엘 임금들 연표

기원전	유다 임금들	이스라엘 임금들	기원전
835~796	요아스	예후	841~814
796~767	아마츠야	여호아하즈	814~798
767~740	우찌야	여호아스	798~782
750~732	요탐	예로보암2세	782~753
		즈카르야, 살룸	753~752
		므나헴	752~742
		프카흐야	742~740
		페카	736~732

2열왕 12,1~15,38

남왕국

요아스
- 헌금만 받고 공사하지X 사제들
- 헌금 궤 성전입구에 두어
- 봉헌금 모아 공사비 지출
- 선대의 봉헌예물 왕궁의 창고 모두내어줌
- 예루살렘에서 40년 통치 일곱살에 즉위
- 성전보수공사 여호야다사제
- '갓'공격 후 예루살렘공격하려하자 아람왕 하자엘
- 요아스
- 밀로궁에서 살해됨 신하들에 의해

아마츠야
- 아마츠야 사로잡음
- 예루살렘 성벽 400암마 허물고
- 성전, 왕궁, 금·은 기물 뺏어앗고 인질잡아 사마리아로 돌아감
- 2위년간 통치 25세즉위 Isrl 여호아스 제2년
- 옳은 일 요아스의 子
- '욕트엘' ← 쎌라점령 에돔군 1만죽임
- 여호아스 벳 세메스에서 Isrl 여호아스와 전쟁 유다의 패배
- 모반일어나 살해됨

아자르야 =우찌야
- "우찌야"라고도 불림
- 아마츠야의 子
- 52년간 통치 15세즉위 Isrl 여로보암 제27년
- 나병환자로 별궁에서 지냄
- 백성들 산당에서 제물바치고 향피움
- 산당없애지 않음

요탐
- 우찌야의 子
- 예루살렘에서 16년통치 25세 Isrl 페카 제2년 즉위
- 주님 집의 윗대문 세움
- 주님눈에 옳은 일 함

북왕국

여호아하즈
- 예후의 子 막한짓
- 유다 요아스 제23년에 즉위
- 17년간 통치 사마리아에서
- 아람임금 子 에게 억압을당함

여호아스
- 여호아하즈 子 악한짓
- 유다 요아스 제37년에 즉위
- 16년간 통치 사마리아에서
- 엘리사 임금에게 활과 화살 가져와
- 죽음
- 동쪽 창밖으로 "쏘라" 명 화살로 "땅을 치라" 하자 = 승리의 화살
- 화살로 세번침 세번칠것
- 아람쳐서 아펙에서 전멸시킬것
- 벤하닷을 세번쳐 Isrl 성읍들을 되찾음

예로보암2세
- 요아스의 子 악한짓
- 유다 아마츠야 제15년 즉위
- Isrl 영토 되찾음
- 4년 사마리아에서 통치
- 하맛어귀 ~ 아라바 바다까지
- 요나 통해 하신 하느님의 말씀성취

즈카르야
- 예로보암의 子 악한짓
- 유다 아자르야 제38년 즉위 사마리아에서 여섯달 통치
- 야베스의 子 살룸이 쳐죽임

살룸
- 모반으로 왕위 강탈
- 유다 우찌야 제39년즉위 사마리아에서 한달 통치
- 므나헴이 살룸 쳐죽임

므나헴
- 유다 아자르야 제39년즉위 악한짓 사마리아에서 10년통치

프카흐야
- 므나헴의 子
- 유다 아자르야 제50년즉위 2년통치 악한짓
- 무관 페카 모반일으켜 살해

페카
- 유다 아자르야 제52년 즉위 사마리아에서 20년통치 악한짓
- 아시리아 티글랏 필에세르 침략 Isrl 여덟지역점령
- 엘라의 子 호세아가 모반일으킴 페카쳐 죽임 사람들 아시리아로 끌고감

● 2열왕 16 - 20장 : 북 왕국의 몰락과 남 왕국

기원 전	유다임금들	이스라엘 임금들	기원 전
732~715	아하즈	호세아	732~722
715~686	히즈키야	멸망	722

북왕국

2열왕 16,1~20,21

호세아 ⊗ 2열왕 17장
- 유다임금 아하즈 제 12년 즉위
- 사마리아에서 9년통치
- 악한짓
- 모반자 엘라의 子
- Isrl의 마지막
- 이집트 '소'에게 사신파견하고 아시리아에 조공거부
- 아시리아 살만에세르 침략하자 신하가 되어 조공을 바침
- 아시리아이 호세아 잡아 감옥에 가둠
- 호세아 제9년
- 아시리아 사마리아 함락시킴 (2열왕 17,6)
- Isrl 사람들 아시리아로 끌고감

몰락에 대한 반성
아시리아로 유배간 이유
- 이방신섬기고
- 기념기둥, 아세라 목상세움
- 우상숭배
- 이민족 풍속과 Isrl 임금이 만들어 낸 것 따라 걸음
- 점괘와 마술이용
- 북왕조의 첫임금 예로보암이 지은 죄 그대로 따라 함
- 주하느님 믿지X
- 주님께서 통해 하신 경고 말씀듣지X

남왕국

아하즈 2열왕16장 ⊗ 요탐의 子
- 예루살렘에서 16년 통치
- 20세즉위
- Isrl 베카 제17년즉위
- 자기아들 불속으로 지나가게 함
- 이민족 본받아
- 제물바치고 분향
- 산당·언덕·푸른나무아래서

- 아람과 Isrl의 연합군이 쳐들어옴
- 예루살렘 정복은 못함
- 아시리아 아람침략 근친죽임
- 다마스쿠스 점령 사람들끌고감

아하즈
- 아시리아에게 원군 요청
- 성전·왕궁창고의 은과 금 조공으로 바침
- 다마스쿠스 방문
- 우리야사제에게
- 제단 그림·모형 보이고 제단세우라 명함
- 여러가지 제물봉헌

히즈키야 ◎ 아하즈의 子
- 모세가 만든 구리뱀 (느후스탄) 조각냄
- 아세라목상 잘라냄
- 25세때
- 예루살렘에서 29년간 통치
- 산당들없애고
- 기념기둥 부숨
- 주님께서 모세에게 명하신 계명 잘 지킴 θ신뢰
- Isrl 호세아 제 3년 즉위
- 재위14년
- 병병고치심

- 유다 잘못 빌고 조공약속
- 아시리아 산헤립에게 유다의 모든 요새 점령됨
- 이사야에게 문의
- 히즈키야의 기도들으신 주님
- 주님천사 은혜 입어 18만5천명학살함
- 궁궐과나라안 보물다보여줌
- 바빌론 사절단 맞이
- 모든것 바빌론으로 옮겨지게 될것
- 네네베에서
- 그의 두아들들에 의해
- 에사르 하똔 (산헤립의 子)이 뒤를이음
- 산헤립의 죽음 예고

사마리아인의 기원
아시리아

사마리아의 함락 (2열왕 18,9~12)
- 아시리아 살만에세르 사마리아포위 공격
- 제7년 호세아 재위
- 사마리아 함락 (BC.722년) 제9년

- 이스라엘 사람들 아시리아로 유배보내고
- 아시리아사람들 데려다가 사마리아에서 살게함
- 유배보낸 사제들 중 베텔에 머물면서 한명을 보내라
- 그 지방신의 법 가르치게 함
- 사마리아인과 이주민들 각기 자기지방 신상 만들어 공경하고 주님도 섬김
- 주님과의 계약을 잊어버림

● 2열왕 21 - 23장 : 북왕국 멸망 후 유다 왕국의 패망까지

유다 임금들의 연표

유다 임금들	기원 전
므나쎄	686~642
아몬	642~640
요시야	642~609

부인 하무탈
- 여호아하즈 (609 3개월)
- 치드키야 (마탄야) (597-587)

부인 즈비다
- 엘야킴 = 여호야킴 (609-598) ── 부인 느후스타
  - 여호야킨 (598-597)

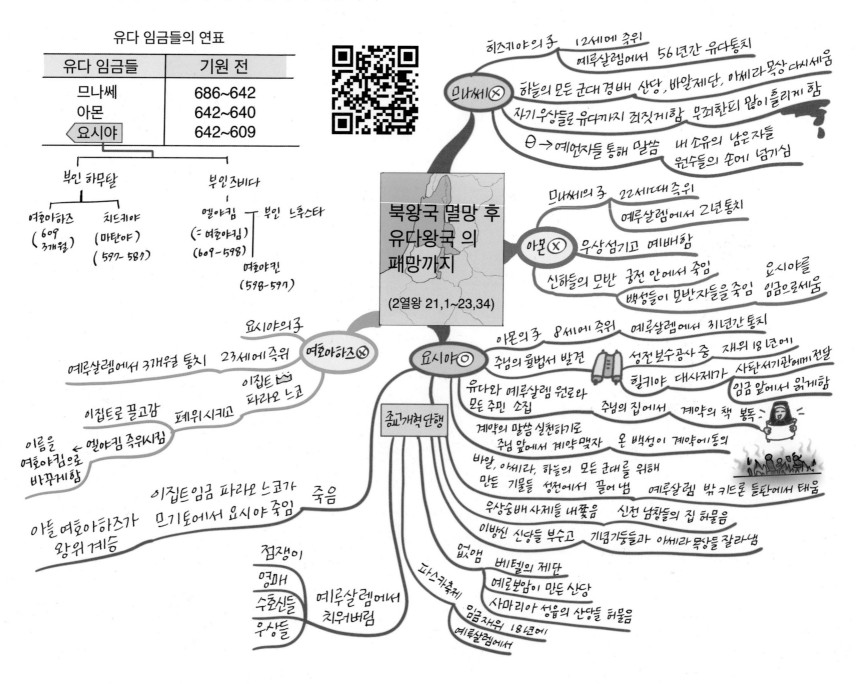

북왕국 멸망 후 유다왕국 의 패망까지 (2열왕 21,1~23,34)

므나쎄 ⓧ
- 히즈키야의 子 12세에 즉위
- 예루살렘에서 56년간 유다통치
- 하늘의 모든 군대 경배 산당, 바알제단, 아세라목상 다시세움
- 자기우상들로 유다까지 죄짓게함 무죄한피 많이 흘리게 함
- θ → 예언자들 통해 말씀 내 소유의 남은자를 원수들의 손에 넘기심

아몬 ⓧ
- 므나쎄의 子 22세때 즉위
- 예루살렘에서 2년통치
- 우상섬기고 예배함
- 신하들의 모반 궁전 안에서 죽임
- 백성들이 모반자들을 죽임 요시야를 임금으로세움

요시야 ○
- 아몬의 子 8세에 즉위 예루살렘에서 31년간 통치
- 주님의 율법서 발견 성전 보수공사 중 재위 18년에
  - 힐키야 대사제가 사판 서기관에게 전달 임금 앞에서 읽게함
- 유다와 예루살렘 원로와 모든 주민 소집 주님의 집에서 계약의 책 봉독
- **종교개혁 단행**
  - 계약의 말씀 실천하기로 주님 앞에서 계약맺자 온 백성이 계약에동의
  - 바알, 아세라, 하늘의 모든 군대를 위해 만든 기물들 성전에서 끌어 냄 예루살렘 밖 키드론 들탄에서 태움
  - 우상숭배 사제들 내쫓음 신전 남창들의 집 허물음
  - 이방신 신당들 부수고 기념기둥들과 아세라 목상들 잘라냄
  - 없앰 베텔의 제단 예로보암이 만든 산당 사마리아 성읍의 산당들 허물음
  - 파스카축제 임금재위 18년에 예루살렘에서
  - 예루살렘에서 치워버림 점쟁이 영매 수호신들 우상들

여호아하즈 ⓧ
- 요시야의 子
- 예루살렘에서 3개월 통치 23세에 즉위
- 이집트 파라오 느코
- 이집트로 끌고감 폐위 시키고
- 엘야킴 즉위시킴 이름을 여호야킴으로 바꾸게함

- 이집트임금 파라오 느코가 므기토에서 요시야 죽임 죽음
- 아들 여호아하즈가 왕위 계승

● 2열왕 23,35 - 25장 : 유다왕국의 마지막 임금들

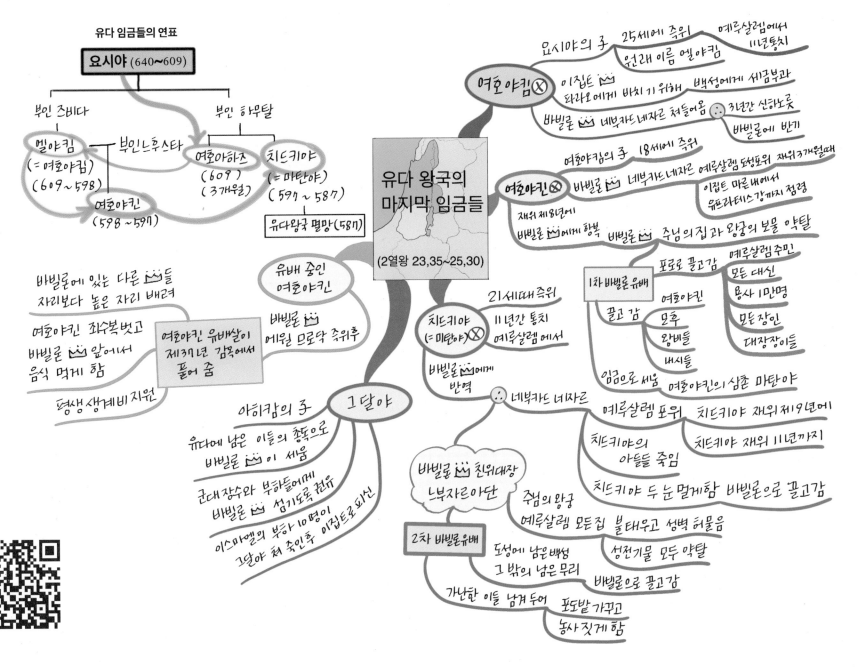

유다 임금들의 연표

요시야 (640~609)

부인 즈비다 / 부인 하무탈

멜야킴 (= 여호야킴) (609~598) ─ 부인 느후스타
여호야킨 (598~597)

여호아하즈 (609) (3개월)

치드키야 (= 마탄야) (597~587)

유다왕국 멸망 (587)

유다 왕국의 마지막 임금들 (2열왕 23,35~25,30)

여호야킴 ⊗
요시야의 子 / 25세에 즉위 / 예루살렘에서 11년통치
원래 이름 엘야킴
이집트 파라오에게 바치기 위해 백성에게 세금부과
바빌론 👑 네부카드네자르 쳐들어옴 😊 3년간 신하노릇
바빌론에 반기

여호야킨 ⊗
여호야킴의 子 18세에 즉위
바빌론 👑 네부카드네자르 예루살렘 도성포위 재위3개월때
이집트 마른내에서 유프라테스강까지 점령
재위 제8년에 바빌론 👑에게 항복
바빌론 👑 주님의 집과 왕궁의 보물 약탈

1차 바빌론 유배
포로로 끌고감 / 예루살렘 주민 모든 대신 / 용사 1만명 / 모든 장인 / 대장장이들
여호야킨 / 모후 / 왕비들 / 내시들 끌고감
임금으로 세움 여호야킨의 삼촌 마탄야

치드키야 (= 마탄야) ⊗
21세때 즉위
11년간 통치 예루살렘에서
바빌론 👑에게 반역

네부카드네자르
예루살렘 포위 치드키야 재위제9년에
치드키야 재위 11년까지
치드키야의 아들들 죽임
치드키야 두 눈 멀게함 바빌론으로 끌고감

바빌론 있는 다른 👑들 자리보다 높은 자리 배려
여호야킨 죄수복 벗고 바빌론 👑 앞에서 음식 먹게 함
여호야킨 유배살이 제37년 감옥에서 풀어 줌
평생 생계비 지원

유배 중인 여호야킨
바빌론 👑 에윌 므로닥 즉위후

그달야
아히캄의 子
유다에 남은 이들의 총독으로 바빌론 👑이 세움
군대 장수와 부하들에게 바빌론 👑 섬기도록 권유
이스마엘의 부하 10명이 그달야 쳐 죽인후 이집트로 피신

바빌론 👑 친위대장 느부자르아단
주님의 왕궁 예루살렘 모든집 불태우고 성벽 허물음
성전기물 모두 약탈

2차 바빌론 유배
도성에 남은 백성 그 밖의 남은 무리 바빌론으로 끌고감
가난한 이들 남겨 두어 포도밭 가꾸고 농사 짓게 함

79

열왕기 하권 묻고 답하기

1. [2열왕 1-11장; 북 왕국 - 엘리야 예언자]
 - 엘리야 예언자의 후계자는 누구였습니까? 그 후계자는 생산력을 잃은 땅을 어떻게 회복시켰습니까?

2. [2열왕 1-11장; 남 왕국 - 아탈야]
 - 아하즈야의 모친 아탈야는 어떤 일을 저질렀습니까? 그녀의 통치 7년차에 등장한 여호야다 사제는 어떤 개혁을 이루었습니까?

3. [2열왕 12,1-15,38; 북 왕국 - 페카 임금]
 - 북 왕국 페카 임금 시절 정치적 상황은 어떠했습니까?

4. [2열왕 12,1-15,38; 남 왕국 - 요아스 임금]
 - 요아스 임금 시절 여호야다 사제는 성전 보수 공사를 위해 어떤 일을 하였습니까?

5. [2열왕 16,1-20,21; 북 왕국 - 호세아 임금 - 호세아 제9년]
 - 호세아 임금 제9년에 아시리아 임금은 북 왕국 이스라엘을 어떻게 하였습니까?

6. [2열왕 16,1-20,21; 남 왕국 - 히즈키야 임금]
 - 히즈키야 임금은 기념 기둥을 부순 것 말고 다른 무엇을 더 하였습니까?

7. [북 왕국 멸망 후 유다왕국의 패망까지 2열왕 21,1~23,34; 요시야]
 - 요시야 임금은 성전 보수 공사 중 주님의 율법서를 발견하게 되자 어떤 조처를 하게 되었습니까?

8. [유다 왕국의 마지막 임금들 2열왕 23,35~25,30; 여호야킨]
 - 여호야킨 임금 시절 제1차 바빌론 유배가 시작되었습니다. 이때 포로로 끌려간 이들은 어떤 이들이었습니까?

삶에 적용하기

※ 여러분은 하느님께 무엇을 청하고 싶은가요? 원하는 것을 자유롭게 적거나 그려보세요.

그 날 밤에 하느님께서 솔로몬에게 나타나시어,
"내가 너에게 무엇을 주기를 바라느냐?" 하고 물으셨다.
(2역대 1,7)

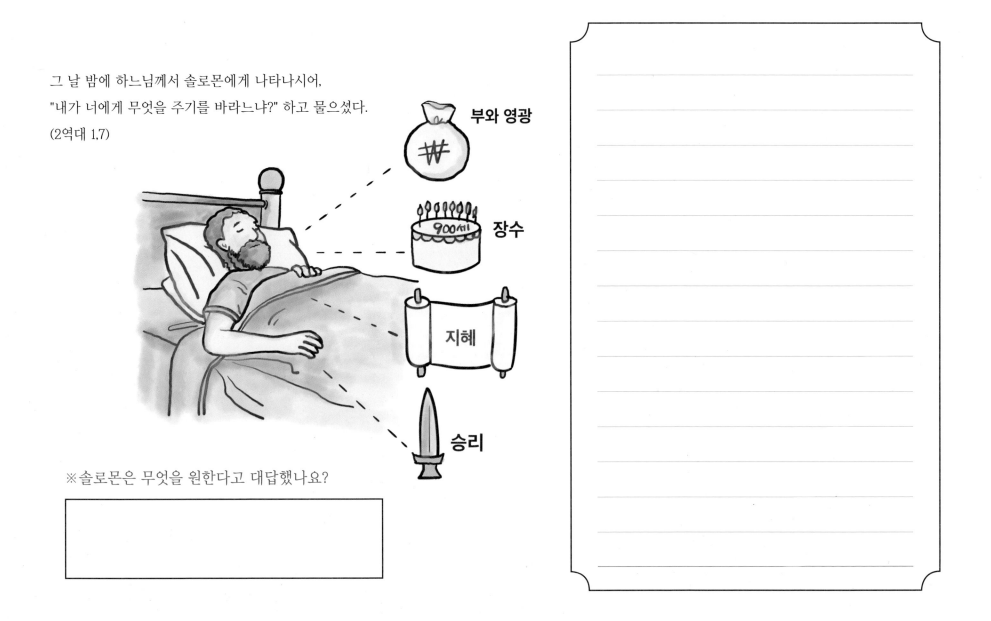

부와 영광

장수

지혜

승리

※ 솔로몬은 무엇을 원한다고 대답했나요?

역대기 상·하권

1. History of Israel, from Adam to the birth of Judaism
2. Another View of the History of Salvation

총 29장으로 구성된 역대기 상권과

총 36장으로 구성된 역대기 하권은

히브리말 성경에서 가장 나중에 나오는 책으로

'예배 전통의 선포'를 강조한다.

역대기와 에즈라·느헤미야기는 동일한 저자의 작품이고

그 사상, 문체, 신학이 매우 밀접해 이 책들을 통칭하여

역대기계 역사서라 부른다.

1. 책이름

역대기의 그리스말 성경 이름은 '파랄리포메논 알파, 베타' 이다. 파랄리포메논은 '빠뜨린 것, 옆에 빼놓았던 것, 곁들여 전해진 것'이란 뜻을 지닌다. 히브리말 성경 이름은 '디브레 하야밈 알렙, 베트'이다. 디브레 하야밈은 '나날의 말씀(행적)들, 날들'이란 뜻을 지닌다.

2. 저자와 저술 연대

역대기 상·하권과 에즈라·느헤미야기는 여러 저자가 아니라 이름이 알려지지 않은 한 저자로 어느 '역대기 편찬자'라고 본다. 그는 다윗 왕국의 역사를 가장 중요시하며 성전과 전례에 주요 관심을 보인다.

역대기 저자는 적어도 세 종류의 문헌을 이용하였을 것으로 본다. 사무엘기, 열왕기 그리고 이 책들을 보충하려고 이용했을 역사 문헌들, 다양한 예언 전승을 포함한 문헌들이다. 이러한 옛 문헌들을 선택과 생략의 방법, 적용의 방법, 보충의 방법을 이용하여 편집하였다.

작중 연대는 인류의 시작부터 바빌론 유배의 종식(기원전 539년)까지이다. 최종 편집 시기는 유다인들이 박해를 받기 이전 평화로운 시기인 기원전 330-250년 사이로 본다.

3. 저술 목적

유다 백성들은 키루스의 해방령으로 바빌론 유배에서 희망을 안고 예루살렘으로 귀환한다. 그러나 그들은 그들의 땅에서 받아들여지지 않자 좌절과 허무에 빠진다. 그러므로 역대기 사가는 성전과 성전 예배를 강조하고, 선조들과 예언자들을 통해 하느님께서 약속하신 다윗 왕조가 재건되리라는 꿈을 제시하면서 그들에게 새로운 희망을 주기 위해 역대기를 저술한다.

4. 신학 사상

역대기 저자가 살던 유배 시대 이후는 이스라엘 왕정이 사라진 상태이다. 그러므로 에즈라와 느헤미야의 도움으로 재건된 예루살렘 성전과 그곳에서 이루어지는 예배가 중요하게 되었다. 따라서 성전 중심 공동체의 기틀을 다지기 위해 역대기 저자는 다음과 같은 사항을 강조한다.

첫째, 다윗 왕조에 대한 긍정적인 평가이다. 다윗과 솔로몬은 성전을 건립하고 그곳의 예배와 사제직을 확립하는 데에 지대한 공헌을 한 임금들이다. 저자는 잃어버린 옛 왕국을 되찾기 위해서가 아니라 성전 예배를 중심으로 예루살렘 공동체를 굳건히 하기 위해 그들을 높이 평가하는 것이다.

둘째, 혼란을 겪는 사제직과 레위인들의 직무를 재정립하고자 했다. 왜냐하면 신명기계 역사서에서 사제직과 레위인들의 직무가 매우 혼란스럽게 나타났기 때문이다.

셋째, 신정(神政)에 특별한 관심을 보인다. 신정 왕국은 인류 창조 때부터 하느님께서 친히 세우셨고 그 나라는 영원히 계속될 것이다. 대리 통치자들의 실정으로 이스라엘 왕정은 끝났지만 지금도 하느님의 백성은 예루살렘 성전의 전례 안에서 사제들과 레위인들의 도움을 받아 자신들의 참되고 영원한 임금이신 하느님께 충성과 기쁨과 찬양을 표현한다.

넷째, 상선벌악의 원칙을 강조한다. 하느님의 율법에 순종하고 경신례의 의무를 충실히 이행하면 복을 받고, 그렇지 않으면 벌을 받는다.

다섯째, 지도자가 없는 현실에서 하느님 백성에게 구체적 지침을 마련하기 위하여 과거를 이상화 한다. 저자는 지난 역사를 돌아보며 거기에서 율법 준수와 올바른 전례 거행을 위한 본보기를 끌어내는 일에 주력한다.

역대기 상권 내용

● 1역대 1 – 9장
  조상들의 족보(아담에서 유배, 귀향 까지)

● 1역대 10 – 29장
  - 10-21장 사울의 죽음과 다윗의 통치
  - 22-29장 성전 건축 준비와 솔로몬의 승계

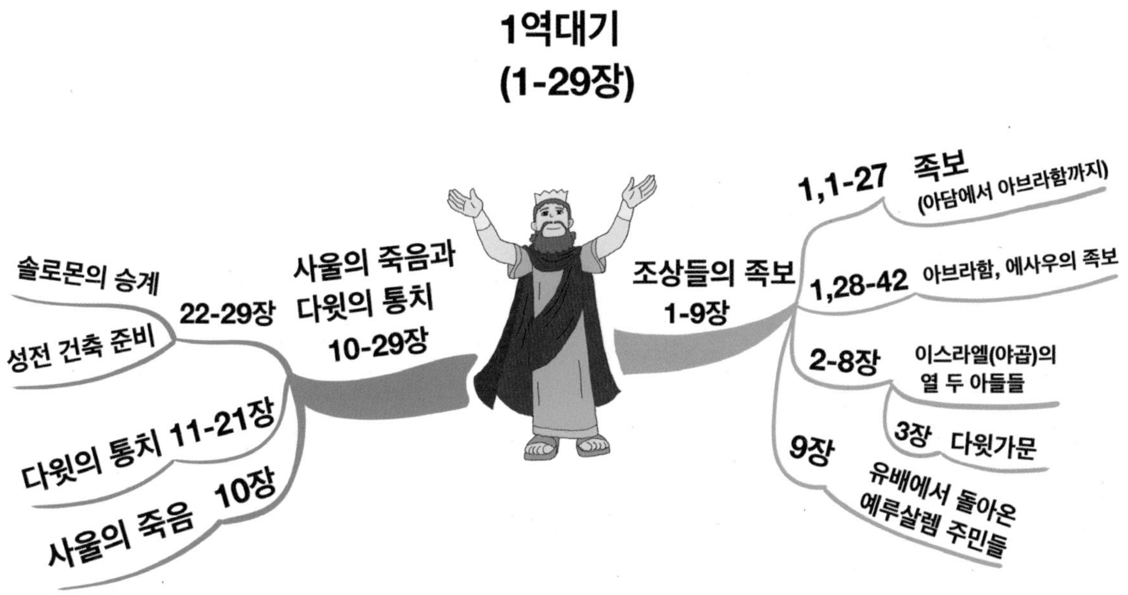

**1역대기
(1-29장)**

조상들의 족보
1-9장

1,1-27 족보
(아담에서 아브라함까지)

1,28-42 아브라함, 에사우의 족보

2-8장 이스라엘(야곱)의 열 두 아들들

3장 다윗가문

9장 유배에서 돌아온 예루살렘 주민들

사울의 죽음과 다윗의 통치
10-29장

솔로몬의 승계
성전 건축 준비
22-29장

다윗의 통치 11-21장

사울의 죽음 10장

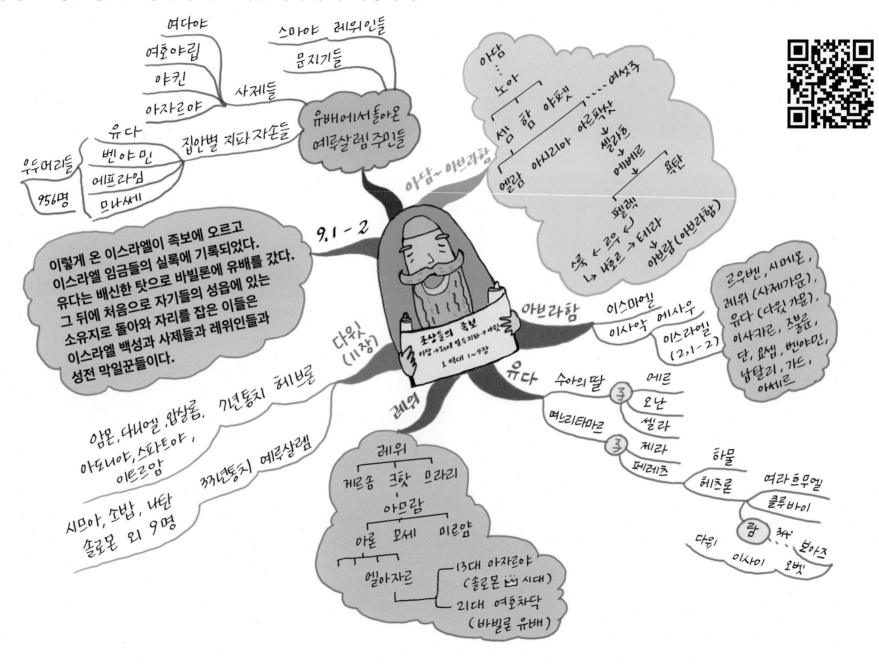

여다야
여호야립
야킨
아자르야
스마야   레위인들
문지기들
사제들

유다
벤야민
에프라임
므나쎄
우두머리들
956명
집안별 지파 자손들

유배에서 돌아온
예루살렘 주민들

아담
⋮
노아
셈 함 야펫 ⋯⋯여섯종
엘람 아시리아 아르팍삿 ⋯여섯종
셀라흐
에베르
욕탄
펠렉
스룩 ← 르우 ←
↳ 나호르 → 테라
아브람(아브라함)
아담~아브라함

이렇게 온 이스라엘이 족보에 오르고
이스라엘 임금들의 실록에 기록되었다.
유다는 배신한 탓으로 바빌론에 유배를 갔다.
그 뒤에 처음으로 자기들의 성읍에 있는
소유지로 돌아와 자리를 잡은 이들은
이스라엘 백성과 사제들과 레위인들과
성전 막일꾼들이다.

9,1 - 2

조상들의 족보
아담→노아 열두지파 → 다윗
1역대 1~9장

아브라함

이스마엘
이사악 에사우
이스라엘
(2,1 - 2)

르우벤, 시메온,
레위 (사제가문),
유다 (다윗 가문),
이사카르, 즈불른,
단, 요셉, 벤야민,
납탈리, 가드,
아세르

다윗
(11장)

유다
수아의 딸
에르
오난
셀라
며느리타마르
제라
페레츠
하물
헤츠론
여라흐므엘
클루바이
람
다윗
이사이
오벳
보아즈

암논, 다니엘, 압살롬, 7년통치 헤브론
아도니야, 스파트야,
이트르암

시므아, 소밥, 나탄
솔로몬 외 9명
33년통치 예루살렘

레위

레위
게르솜 크핫 므라리
아므람
아론 모세 미르얌
엘아자르
13대 아자르야
(솔로몬 시대)
21대 여호차닥
(바빌론 유배)

86

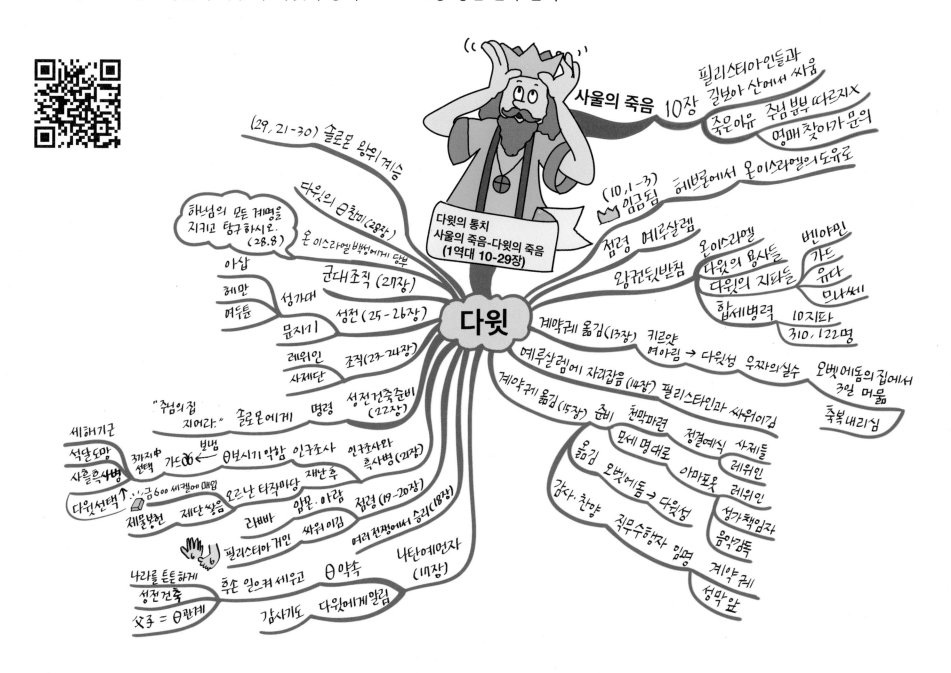

사울의 죽음 10장

필리스타아인들과 길보아 산에서 싸움

죽은이유 주님 분부 따르지X

영매 찾아가 문의

(10,1-3) 임금됨 헤브론에서 온이스라엘의 도유로

다윗의 통치
사울의 죽음-다윗의 죽음
(1역대 10-29장)

점령 예루살렘

(29, 21-30) 솔로몬 왕위 계승

다윗의 ☉찬미 (28장)

하느님의 모든 계명을 지키고 탐구하시오. (28.8)

온 이스라엘 백성에게 당부

왕권뒷받침 온이스라엘 다윗의 용사들 다윗의 지파들
벤야민
가드
유다
므나쎄
합세병력 10지파 310,122명

아삽
헤만
여두툰 성가대
군대조직 (27장)

문지기 성전 (25 - 26장)

레위인 사제단 조직(23-24장)

다윗

계약궤 옮김 (13장) 키르얏 며아림 → 다윗성 우짜의 실수
오벳 에돔의 집에서 3일 머뭄
축복 내리심

예루살렘에 자리잡음 (14장) 필리스타인과 싸워 이김

계약궤 옮김 (15장) 준비 천막마련 정결예식 사제들
모세 명대로 레위인
옮김 오벳에돔 아마포옷 레위인
감사·찬양 오벳에돔 → 다윗성 성가책임자
직무수행자 임명 음악감독
계약궤
성막 안

"주님의 집 지어라." 솔로몬에게 명령 성전건축준비 (22장)

세하기근 석달도망 사흘흑☥병

3가지中 선택 가드☉ 범벌 ☉보시기 악함 인구조사

인구조사와 흑사병 (21장)

다윗선택↑ 금600 세켈에 매임 오르난 타작마당 재난 후
제물봉헌 제단쌓음 라바 암몬·아람
싸워 이김 점령 (19-20장)

🙌 필리스타 거인 싸워 이김 여러 전쟁에서 승리(18장)

나라를 튼튼하게 성전건축 후손 일으켜 세우고 ☉약속 나탄예언자 (17장)
父子 = ☉관계 감사기도 다윗에게 알림

87

역대기 상권 묻고 답하기

1. [조상의 족보 – 아브라함]

 - 아브라함의 두 아들은 누구였습니까? 그의 손자들은 몇 명이었습니까?

2. [조상의 족보 – 다윗]

 - 다윗 임금의 헤브론과 예루살렘에서의 통치기간은 얼마나 되었습니까?

3. [조상의 족보 – 유배에서 돌아온 예루살렘 주민들]

 - 유배에서 돌아온 사제들 가운데에서 예루살렘에 자리 잡은 이들은 누구
   누구였습니까?

4. [다윗의 통치: 1역대 10-29장 – 사울의 죽음]

 - 사울 임금이 길보아 전투에서 필리스티아인들과 싸우다 전사하게 된 까닭은
   무엇 때문이라 하였습니까?

5. [다윗의 통치: 1역대 10-29장 – 다윗]

 - 다윗은 어느 곳에서 어떻게 임금으로 즉위하였습니까?

6. [다윗의 통치: 1역대 10-29장 – 계약궤 옮김(15장)]

 - 다윗은 예루살렘을 점령한 후 오벳 에돔의 집에 있던 계약궤를 다윗성으로
   모셔옵니다. 그 준비 과정은 어떠하였습니까?

7. [다윗의 통치: 1역대 10-29장 – 나탄 예언자(17장)]

 - 나탄 예언자가 다윗에게 전한 하느님의 약속 내용은 무엇이었습니까?

역대기 하권 내용

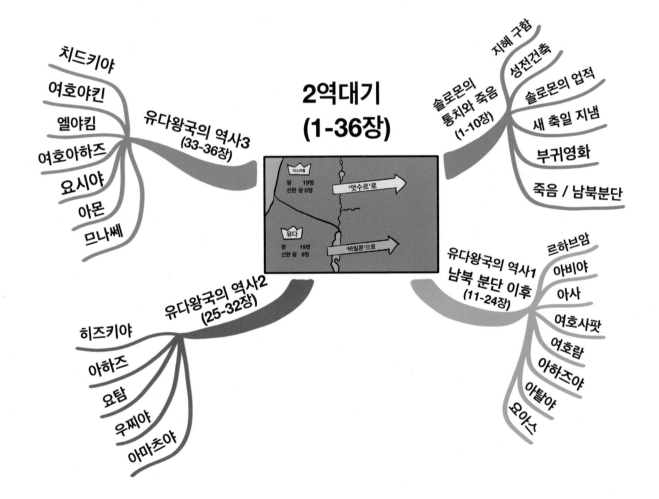

2역대기 (1-36장)

솔로몬의 통치와 죽음 (1-10장)
- 지혜 구함
- 성전건축
- 솔로몬의 업적
- 새 축일 지냄
- 부귀영화
- 죽음 / 남북분단

유다왕국의 역사3 (33-36장)
- 치드키야
- 여호야킨
- 엘야킴
- 여호아하즈
- 요시야
- 아몬
- 므나쎄

유다왕국의 역사1 남북 분단 이후 (11-24장)
- 르하브암
- 아비야
- 아사
- 여호사팟
- 여호람
- 아하즈야
- 아탈야
- 요아스

유다왕국의 역사2 (25-32장)
- 히즈키야
- 아하즈
- 요탐
- 우찌야
- 아마츠야

이스라엘
왕   19명
선한 왕 0명
'앗수르'로

유다
왕   19명
선한 왕 8명
'바빌론'으로

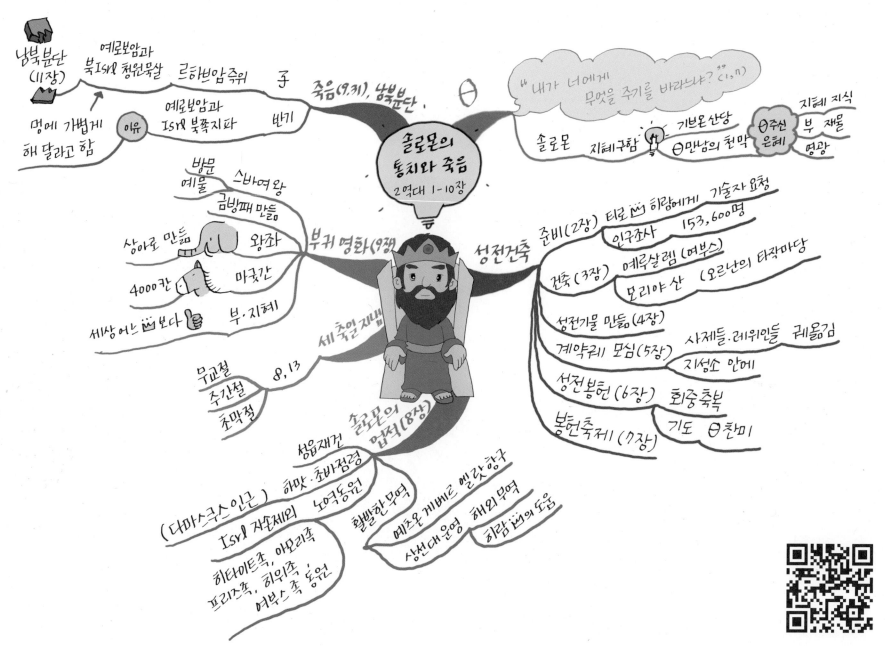

남북분단
(11장)

예로보암과
북Isrl 청원묵살   르호보암 즉위   子   죽음(9,31), 남북분단   θ

멍에 가볍게   이유   예로보암과
해 달라고 함   Isrl 북쪽지파   반기

"내가 너에게
무엇을 주기를 바라느냐?"(1,7)

솔로몬   지혜구함   기브온 산당   주신   지혜 지식
                    θ만남의 천막   은혜   부 재물
                                            영광

솔로몬의
통치와 죽음
2역대 1-10장

방문
예물   스바여왕
금방패 만듦

상아로 만듦   왕좌   부귀 영화(9장)   성전건축   준비(2장) 티로 히람에게 기술자 요청
                                                        인구조사   153,600명
4000칸   마굿간   건축(3장) 예루살렘 (여부스)
                                                        모리야 산 (오르난의 타작마당)
세상 어느 🤴 보다 👍 부·지혜
                                        성전기물 만듦(4장)
                    세 축일 지냄   계약궤 모심(5장)   사제들·레위인들 레움김
                                                        지성소 안에
무교절
주간절   8,13   성전봉헌(6장)   회중축복
초막절
                                        봉헌축제(7장)   기도 θ찬미

성읍재건   솔로몬의
(다마스쿠스 인근) 하맛·초바점령   업적(8장)
Isrl 자손제외 노역동원
                    활발한무역   에츠온게베르 엘랏 항구
히타이트족, 아모리족   상선대운영 해외무역
프리스족, 히위족   히람 王의 도움
여부스 족 동원

90

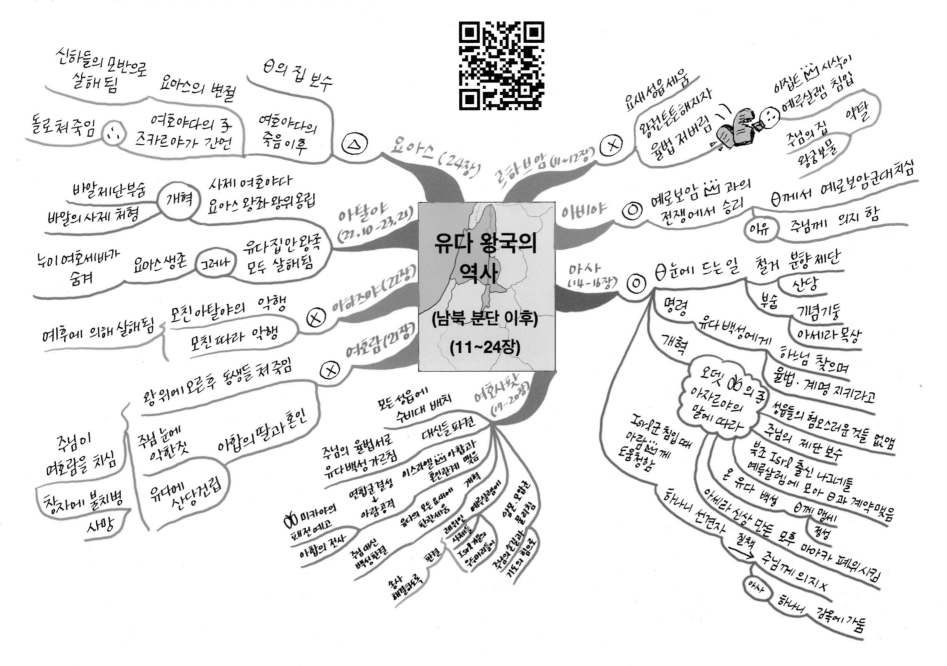

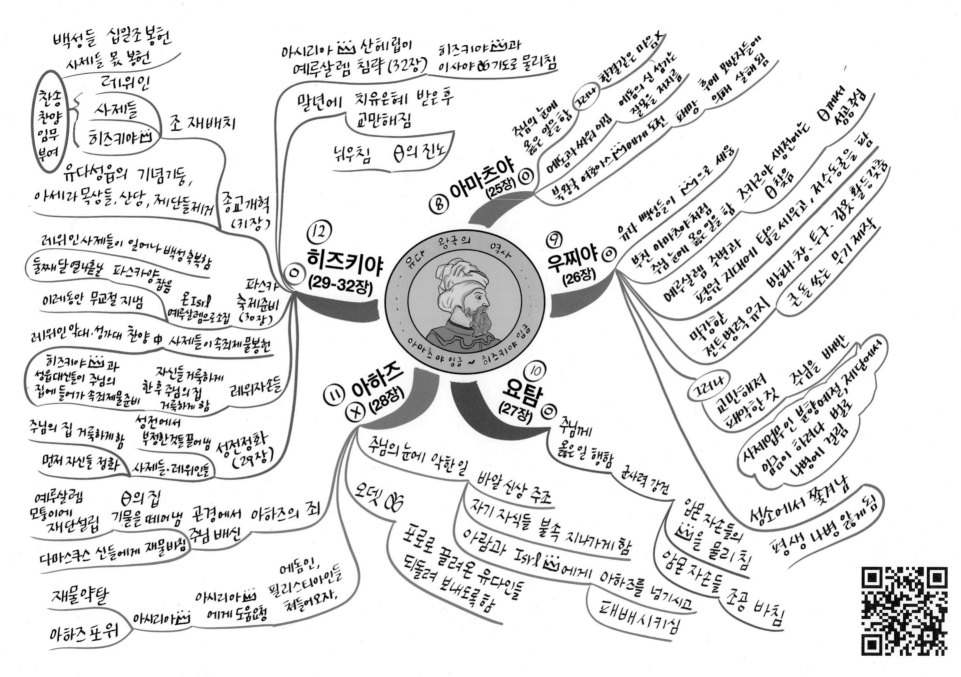

백성들 십일조 봉헌
사제들 못 봉헌
찬송 찬양 임무 부여
레위인
사제들
히즈키야
조 재배치

유다성읍의 기념기둥,
아세라 목상들, 산당, 제단들제거
종교개혁
(31장)

아시리아 산헤립이
예루살렘 침략 (32장)
히즈키야와
이사야 기도로 물리침

말년에 치유은혜 받은 후
교만해짐

뉘우침 θ의 진노

⑧ 아마츠야 (25장)

주님의 눈에 옳은 일을 함
그러나 완결같은 마음 X
에돔과 싸워 이김 에돔의 신 섬기는 잘못을 저지름
후에 모반자들에 의해 살해됨
북왕국 여호아스에게 도전 패망

⑨ 우찌야 (26장)

유다 백성들이 θ으로 세움
부친 아마츠야처럼 주님 눈에 옳은 일을 함
예루살렘 주변과 보루인 지대에 망대를 세움
막강한 전투 병력 유지 θ에게서 성공 주심
스코군과 θ 찾음
저수굴을 많이 팜 방패·장·투구·갑옷·활등 갖춤
큰돌 쏘는 무기 제작

그러나 교만해져 패악한 짓 주님을 배반
사제임무인 분향예절, 제단에서 임금이 하려다 반발 나병이 걸림
성소에서 쫓겨남
평생 나병 앓게 됨

⑫ 히즈키야 (29-32장)

레위인 사제들이 일어나 백성 축복함
둘째 달 열나흗날 파스카양 잡음
이레동안 무교절 지냄
파스카 축제준비 (30장)
온 Isr! 예루살렘으로소집

레위인 악대·성가대 찬양 中 사제들이 속죄제물봉헌
히즈키야와 성읍대신들이 주님의 집에 들어가 속죄제물준비
자신들 거룩하게 한 후 주님의 집 거룩하게 함
레위자손들

주님의 집 거룩하게 함
성전에서 부정한것들 끌어냄
먼저 자신들 정화
사제들·레위인들
성전정화 (29장)

⑪ 아하즈 X (28장)

예루살렘 모퉁이에 재단설립
θ의 집 기물을 떼어냄
공경에서 아하즈의 죄
주님 배신
다마스쿠스 신들에게 재물바침

재물약탈
아하즈 포위
아시리아에게 도움요청
아시리아
에돔인, 필리스티아인들 쳐들어오자,

⑩ 요탐 (27장)

주님께 옳은 일 행함
군사력 강건

오뎃

주님의 눈에 악한 일
바알 신상 주조
자기 자식들 불속 지나가게 함
아람과 Isr!에게 아하즈를 넘기고 패배시키심
포로로 끌려온 유다인들 되돌려 보내도록 함

암몬 자손들의 θ을 물리침
암몬 자손들 조공 바침

92

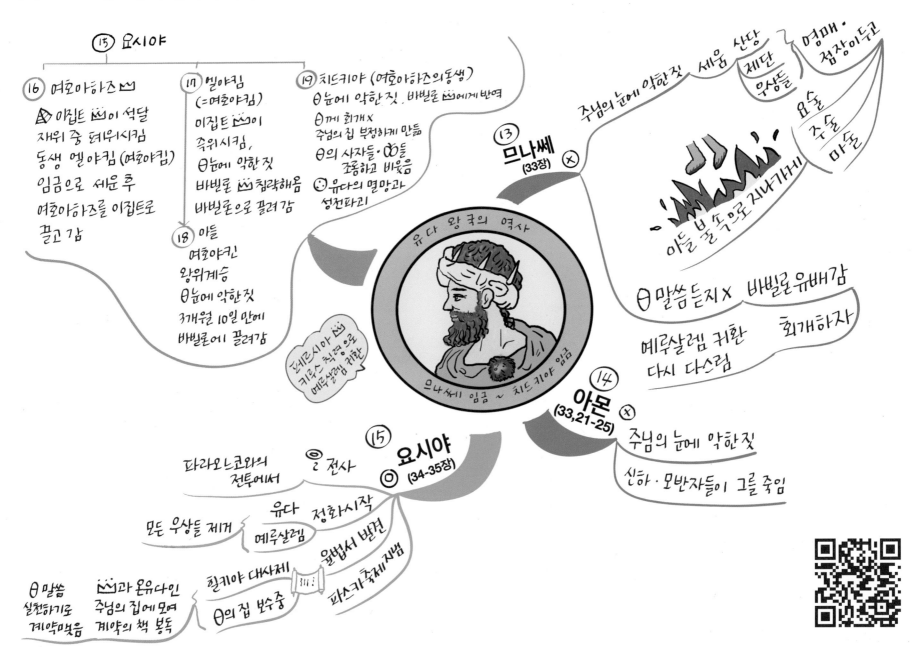

⑮ 요시야

⑯ 여호아하즈 ♔
△ 이집트 ♔이 석달 재위 중 뒤바꾸시킴 동생 엘야킴 (여호야킴) 임금으로 세운 후 여호아하즈를 이집트로 끌고 감

⑰ 엘야킴 (=여호야킴) 이집트 ♔이 즉위시킴, θ 눈에 악한 짓 바빌론 ♔ 침략해옴 바빌론으로 끌려 감

⑱ 아들 여호야킨 왕위계승 θ 눈에 악한 짓 3개월 10일 만에 바빌론에 끌려감

⑲ 치드키야 (여호아하즈의 동생)
θ 눈에 악한 짓. 바빌론 ♔에게 반역
θ께 회개 X 주님의 집 부정하게 만듦
θ의 사자들·☺들 조롱하고 비웃음
☺ 유다의 멸망과 성전파괴

페르시아 ♔ 키루스 칙령으로 예루살렘 귀환

⑬ 므나쎄 (33장) ✗

주님의 눈에 악한 짓 세움 산당 제단 우상들 영매·점장이두고 요술 주술 마술 아들 불 속으로 지나가게

θ 말씀듣지 X 바빌론유배감
예루살렘 귀환 다시 다스림 회개하자

⑭ 아몬 (33,21-25) ✗
주님의 눈에 악한 짓
신하·모반자들이 그를 죽임

⑮ 요시야 (34-35장) ☺
파라오느코와의 전투에서 죽 전사

모든 우상들 제거 유다 정화시작 예루살렘 율법서 발견 파스카축제지냄

θ 말씀 실천하기로 계약맺음 ♔과 온유다인 주님의 집에 모여 계약의 책 봉독 힐키야 대사제 θ의 집 보수중

93

역대기 하권 묻고 답하기

1. [솔로몬의 통치와 죽음 2역대 1-11장 솔로몬]

 - 왕위를 승계한 솔로몬이 하느님께 청한 것은 무엇이었습니까? 하느님께서는 그에게 어떤 더 큰 선물을 베풀어 주셨습니까?

2. [솔로몬의 통치와 죽음 - 성전 건축 - 건축]

 - 솔로몬은 예루살렘의 어느 지역에 성전을 건축하였습니까? 누구의 도움이 있었습니까?

3. [솔로몬의 통치와 죽음 - 솔로몬의 업적(8장)]

 - 솔로몬은 활발한 무역을 위해 어떤 조처를 하였습니까?

4. [솔로몬의 통치와 죽음 - 죽음, 남북 분단]

 - 솔로몬 임금 사후 나라가 남북으로 나뉘게 된 까닭은 무엇 때문이었습니까?

5. [유다 왕국의 역사 2역대 11-36장; 아사(14-16장)]

 - 아사 임금은 오뎃 예언자와 그의 아들 아자르야의 명에 따라 종교 개혁을 하였습니다. 개혁한 내용들을 정리해 보십시오.

6. [유다 왕국의 역사 2역대 11-36장; 여호사팟(17-20장) - 아사. 개혁]

 - 여호사팟은 유다 성읍들에 대신들을 파견하여 주님의 율법서로 백성을 가르치게 하였습니다. 그의 개혁의 방법을 옮겨보십시오.

7. [유다 왕국의 역사 2역대 11-36장; 아탈야]

 - 아하즈야 임금의 모친 아탈야는 아들 아하즈야가 예후에 의해 죽자 어떤 행동을 취하였습니까? 요아스 왕자를 옹립하여 왕위에 오르게 한 이는 누구였습니까?

삶에 적용하기

※미사 예절에 필요한 성구들의 모양과 이름을 연결해 봅시다.

- 주수병 •
- 대제병 •
- 4색띠 •
- 초록색 영대 •
- 제의 •
- 성작덮개 •
- 성작 •
- 향로와 향합 •
- 성합 •

에즈라·느헤미야기

에즈라기: From Exile to National Reconstruction
느헤미야기: A Communite Centred on the Law
The Birth of Judaism

총 10장으로 구성된 에즈라기와
총 13장으로 구성된 느헤미야기는
히브리말 성경과 그리스말 성경에서 한 권의 책이었으나
라틴말 성경(불가타)에서부터 두 권으로 분리되었다.

1. 책 이름

에즈라와 느헤미야기는 원래 히브리말 성경과 그리스말 성경에서 한 권의 책이었다. 하지만 라틴말 성경(불가타)에서부터 두 권으로 분리되었다. 에즈라와 느헤미야기의 그리스말 성경 이름은 '에스드라 알파, 베타'이다.

2. 저자와 저술 연대

에즈라기-느헤미야기-역대기의 저자는 한 사람이다. 그는 레위지파 사람으로 역대기계 편찬자로 추정된다.

편집 연대는 정확하게 말하기 어려우나 역대기계 편찬자가 오래된 문헌 곧 공식문서, 에즈라 회고록, 느헤미야 회고록을 이용하여 기원전 4세기 말엽에서 3세기 중엽 사이에 최종적으로 편집한 것으로 본다.

3. 시대 배경

기원전 538년 페르시아 키루스 임금이 칙령을 반포하고 유배민들의 귀환을 허락하면서 예루살렘 성전 복구 사업을 명한다. 그러나 유다 땅은 여러 부류의 사람들이 공존하게 되면서 갖가지 문제들이 발생한다.

4. 신학 사상

성전 : 성전의 재건축은 귀환민들의 첫 과제이자 귀향의 목적이다. 하느님의 집은 당신 백성 한가운데에 계시는 하느님 현존의 실제적이고 가시적인 표징이다. 또한 하느님과 당신 백성을 이어주는 경신례가 거행될 수 있는 곳이다.

예루살렘 : 예루살렘은 성전의 현존과 뗄 수 없는 관계에 있다. 이것은 하느님께서 느헤미야에게 부여하신 사명이면서 당신 백성을 위해 싸워주신다는 확신을 가지고 완수해 나가야 하는 종교적인 사명이다. 예루살렘의 거룩한 도성을 되찾아야 한다는 느헤미야의 생각은 예루살렘의 파괴와 백성의 유배로 거의 중단되다시피 한 하느님 백성의 유구한 역사를 속개하는 것, 곧 인간의 잘못으로 훼손된 하느님과 당신 백성 사이의 역사를 회복해서 다시 예전처럼 전개시키는 것이다.

하느님 백성의 공동체 : 유배로 뿌리부터 뒤흔들린 하느님 백성의 공동체는 하느님의 율법에 대한 순종 위에서 이루어져야 한다. 또한 하느님께서 모세를 통하여 주신 율법을 바탕으로 시나이 계약을 회복하고 백성을 쇄신하여 새로운 계약 공동체로 태어나야 한다.

이제 주 여러분 조상들의 하느님께 찬미를 드리고 그분의 뜻을 실행하십시오. 이 지방 백성들, 그리고 이민족 아내들과 갈라서십시오.

(에즈 10,11)

에즈라기 내용

- 에즈 1,1 - 6,22
  귀환과 성전 재건
- 에즈 7,1 - 10,44
  에즈라의 귀환과 율법

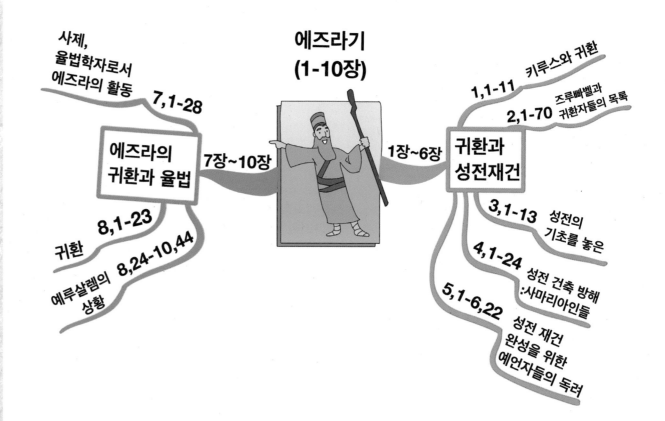

에즈라기
(1-10장)

사제,
율법학자로서
에즈라의 활동   7,1-28

에즈라의
귀환과 율법   7장~10장   1장~6장   귀환과
성전재건

귀환   8,1-23

예루살렘의
상황   8,24-10,44

키루스와 귀환
1,1-11

즈루빠벨과
귀환자들의 목록
2,1-70

3,1-13   성전의
기초를 놓은

4,1-24   성전 건축 방해
:사마리아인들

5,1-6,22   성전 재건
완성을 위한
예언자들의 독려

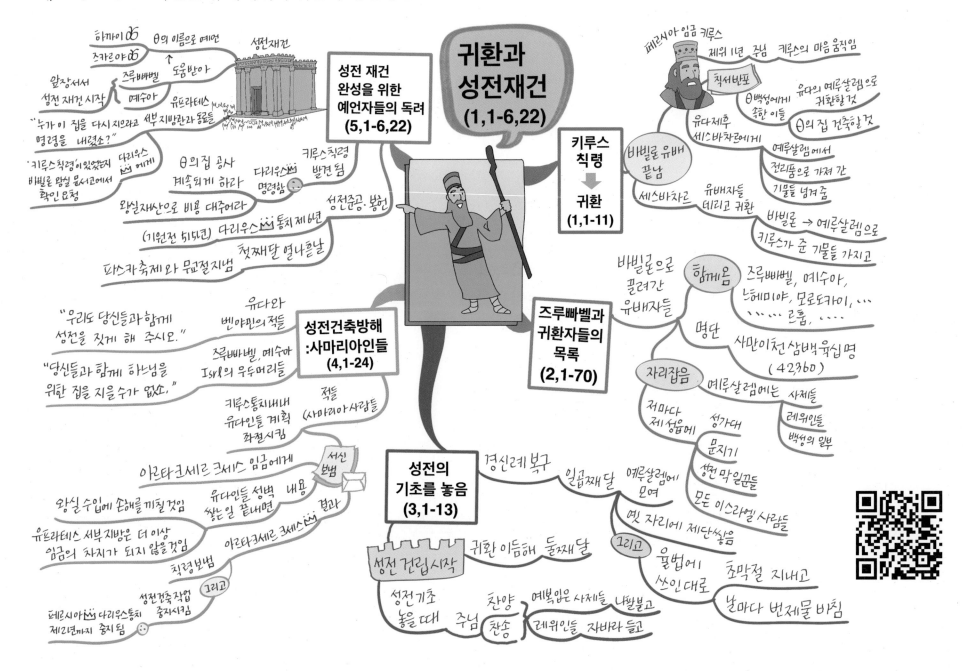

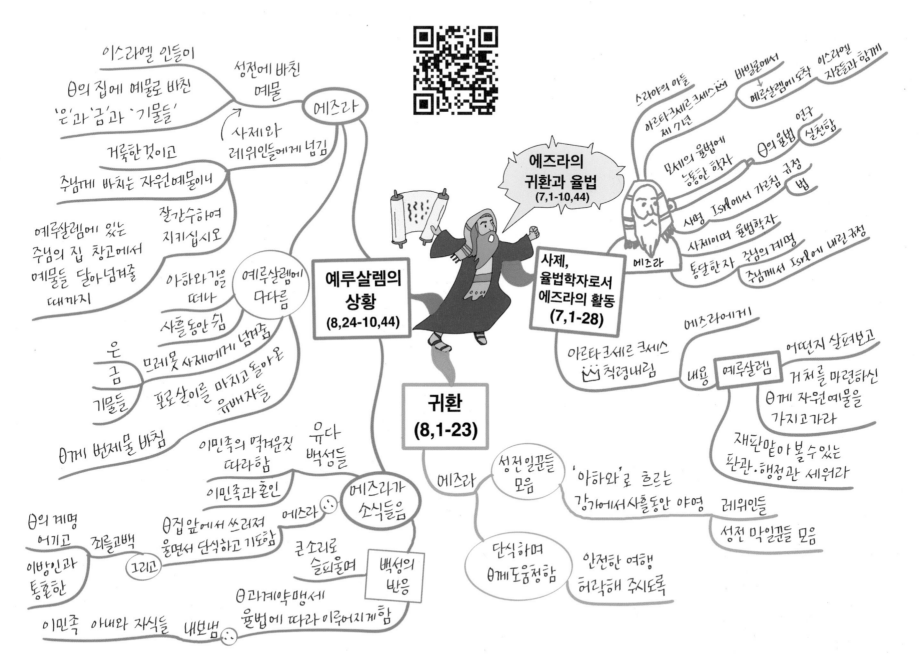

에즈라의 귀환과 율법 (7,1-10,44)

에즈라

사제, 율법학자로서 에즈라의 활동 (7,1-28)

스라야의 아들
아르타크세르크세스 제 7년
바빌론에서 예루살렘에 도착
이스라엘 자손과 함께

모세의 율법에 능통한 학자
θ의 율법 연구 · 실천함

사명 Isr에서 가르침
규정
법

사제이며 율법학자
통달한 자 주님의 계명
주님께서 Isr에 내린 규정

아르타크세르크세스 칙령내림
에즈라에게

예루살렘 내용
어떤지 살펴보고
거처를 마련하신 θ께 자원예물을 가지고가라
재판맡아 볼 수있는 판관 · 행정관 세워라

예루살렘의 상황 (8,24-10,44)

에즈라

이스라엘 인들이
성전에 바친 예물
θ의 집에 예물로 바친 '은'과 '금'과 '기물들'
거룩한 것이고
사제와 레위인들에게 넘김

주님께 바치는 자원예물이니
잘 간수하여 지키십시오

예루살렘에 있는 주님의 집 창고에서
예물들 달아 넘겨줄 때까지

예루살렘에 다다름
아하와 강을 떠나
사흘동안 쉼

은
금
기물들

무레못 사제에게 넘겨줌
포로살이를 마치고 돌아온 유배자들
θ께 번제물 바침

이민족의 먹겨운짓 따라함
이민족과 혼인

유다 백성들
에즈라가 소식들음
에즈라 😊

θ의 계명 어기고
이방인과 통혼한
죄를 고백
그리고

θ집 앞에서 쓰러져 울면서 단식하고 기도함

큰 소리로 슬피 울며
백성의 반응

θ과 계약 맹세
율법에 따라 이루어지게 함

이민족 아내와 자식들 내보냄 😊

귀환 (8,1-23)

에즈라

성전 일꾼들 모음

'아하와'로 흐르는 강가에서 사흘동안 야영

레위인들
성전 막일꾼들 모음

단식하며 θ께 도움청함
안전한 여행 허락해 주시도록

101

에즈라기 묻고 답하기

1. [귀환과 성전 재건 1,1-6,22; 키루스와 귀환]
- 페르시아 임금 키루스는 재위 1년 이스라엘 백성의 바빌론 유배를 끝내는 칙서를 반포하였습니다. 칙서의 내용을 옮겨 보세요.

2. [귀환과 성전 재건 1,1-6,22; 성전의 기초를 놓음]
- 유배에서 돌아온 이들은 일곱째 달에 경신례를 복구합니다. 어디에서 어떻게 하였습니까?

3. [귀환과 성전 재건 1,1-6,22; 성전 건축 방해; 사마리아인들]
- 사마리아인들은 귀환한 이스라엘 백성들이 성전 건축에 그들을 동참시키지 않자 어떻게 건축 방해를 하였습니까?

4. [귀환과 성전 재건; 성전 재건 완성을 위한 예언자들의 독려]
- 성전 재건을 독려한 두 예언자와 재건 공사를 이끈 두 지도자는 누구였습니까?

5. [에즈라의 귀환과 율법 7-10장; 사제 에즈라의 활동]
- 아르타크세르크세스 임금은 에즈라에게 칙령을 내렸습니다. 그 내용을 옮겨 보세요.

6. [에즈라의 귀환과 율법 7-10장; 귀환]
- 에즈라가 귀환 직전 한 두 가지 행동은 무엇이었습니까?

7. [에즈라의 귀환과 율법 7-10장; 예루살렘의 상황]
- 예루살렘에 다다른 에즈라는 어떤 일을 하였습니까?

8. [에즈라의 귀환과 율법 7-10장; 에즈라가 소식 들음]
- 이민족과 혼인한 이들은 에즈라의 권고에 따라 어떤 반응을 보였습니까?

느헤미야기 내용

- 느헤 1,1 – 7,5
  예루살렘의 재무장

- 느헤 8,1 – 9,37
  에즈라의 율법 선포

- 느헤 10,1 – 13,30
  느헤미야의 개혁

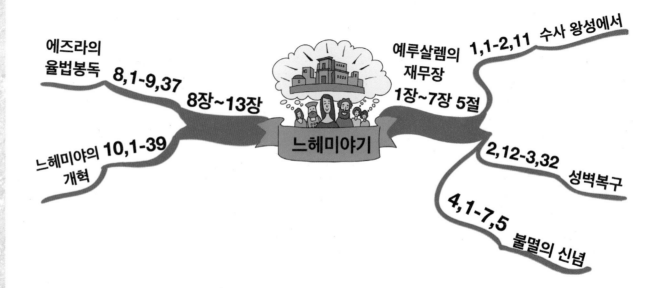

에즈라의
율법봉독 **8,1-9,37**
8장~13장

느헤미야의 **10,1-39**
개혁

느헤미야기

예루살렘의
재무장
1장~7장 5절

1,1-2,11 수사 왕성에서

2,12-3,32 성벽복구

4,1-7,5 불멸의 신념

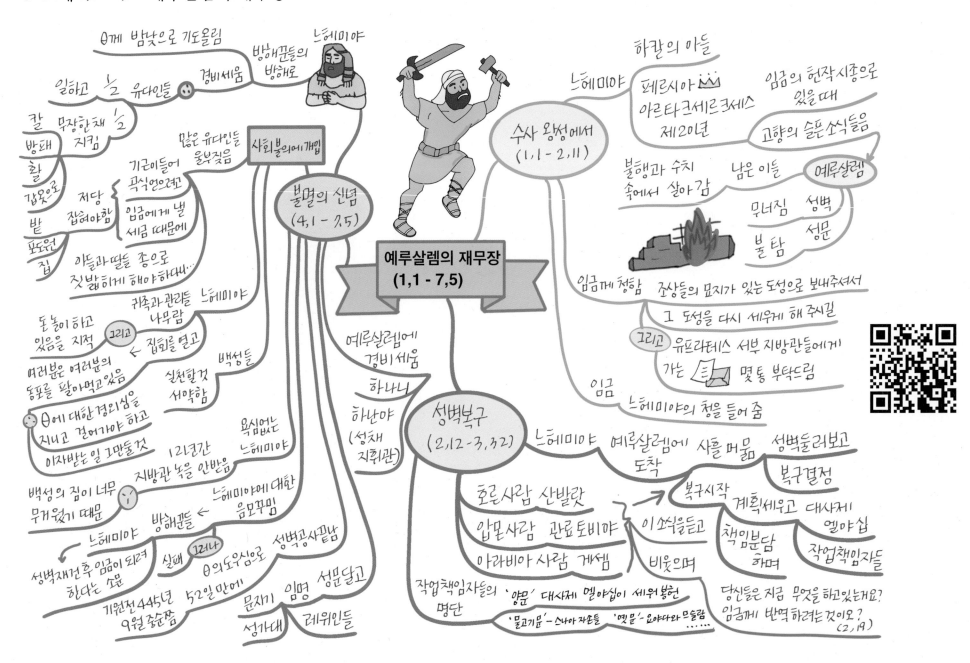

● 느헤미야

θ께 밤낮으로 기도올림

방해꾼들의 방해로

일하고 ½ 유다인들 경비세움

칼 무장한채 ½ 지킴

방패 활 갑옷으로 밭 포도원 집

저당 잡혀야함

기근이들어 곡식얻으려고

많은 유다인들 울부짖음

임금에게 낼 세금 때문에

사회불의에 개입

아들과 딸들 종으로 짓밟히게 해야하다니…

불멸의 신념 (4,1 - 7,5)

예루살렘의 재무장 (1,1 - 7,5)

수사 왕성에서 (1,1 - 2,11)

느헤미야

하칼의 아들

페르시아 아르타크세르크세스 제20년

임금의 헌작 시종으로 있을때

고향의 슬픈 소식들음

불행과 수치 속에서 살아 감

남은 이들

예루살렘

무너짐 성벽

불 탐 성문

임금께 청함 조상들의 묘지가 있는 도성으로 보내주셔서

그 도성을 다시 세우게 해 주시길

그리고 유프라테스 서부 지방관들에게 가는 ✉ 몇 통 부탁드림

귀족과 관리들 느헤미야 나무람

돈 놀이하고 있음을 지적 그리고 집회를 열고

여러분은 여러분의 동포를 팔아먹고 있음

θ에 대한 경외심을 지니고 걸어가야 하고 이자받는 일 그만둘것

백성들

실천할것 서약함

욕심없는 느헤미야

1.2년간 지방관 녹을 안받음

느헤미야에 대한 음모꾸밈

백성의 짐이 너무 무거웠기 때문

느헤미야

방해꾼들 ← 성벽공사끝남

성벽재건 후 임금이 되려 한다는 소문

실패 그러나

θ의 도우심으로

기원전 445년 9월 중순쯤

52일 만에

문지기 임명 성문달고

성가대 레위인들

예루살렘에 경비세움

하나니 하난야 (성채 지휘관)

성벽복구 (2,12 - 3,32)

느헤미야 예루살렘에 도착 사흘 머묾 성벽둘러보고

호론사람 산발랏

암몬사람 관료 토비야

아라비아 사람 게셈

복구시작 계획세우고

이 소식들고

비웃으며

복구결정 대사제 엘야십

책임분담 하며

작업책임자들

작업책임자들의 명단

'양문' 대사제 엘야십이 세워 봉헌

'물고기문' - 스나아 자손들 '옛문' - 요야다와 므술람 ……

당신들은 지금 무엇을 하고있는거요? 임금께 반역 하려는 것이오? (2,19)

● 느헤 8,1 - 9,37 : 에즈라의 율법 선포 / 느헤 10,1 - 13,30 : 느헤미야의 개혁

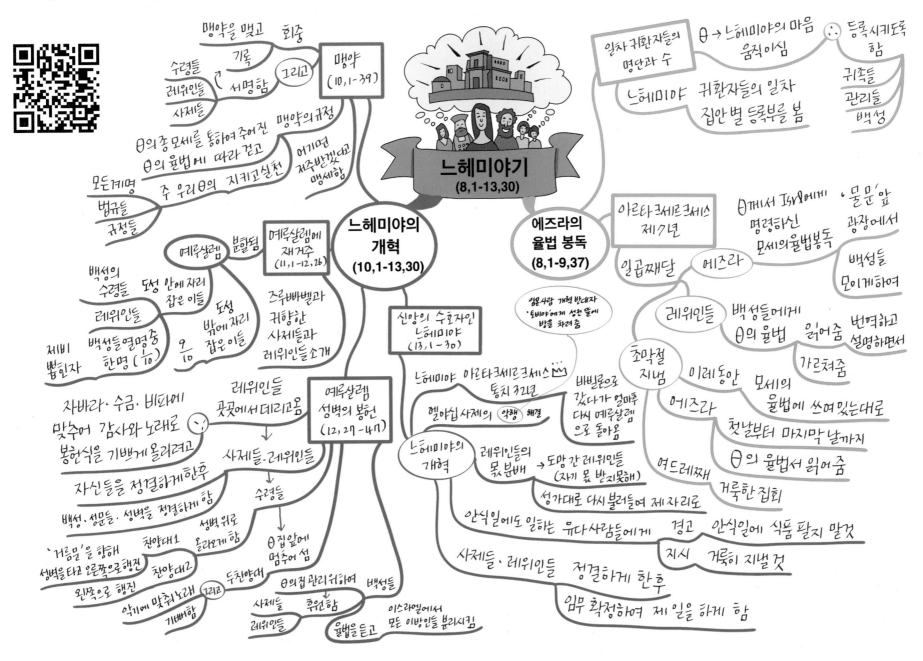

느헤미야기 (8,1-13,30)

맹약 (10,1-39)
- 맹약을 맺고
- 회중 기록
- 수령들 / 레위인들 / 사제들 서명함
- 그리고
- θ의 종 모세를 통하여 주어진 θ의 율법에 따라 걷고 주 우리 θ의 지키고 실천
- 여기면 저주받겠다고 맹세함
- 맹약의 규정
- 모든 계명 / 범규들 / 규정들
- 주 우리 θ의 지키고 실천

느헤미야의 개혁 (10,1-13,30)
- 예루살렘에 재거주 (11,1-12,26) 분할됨
  - 예루살렘
  - 백성의 수령들 / 레위인들
  - 도성 안에 자리 잡은 이들
  - 도성 밖에 자리 잡은 이들
  - 제비 뽑힌자 / 백성들 열명중 한명 (1/10)
  - 즈루빠벨과 귀향한 사제들과 레위인들 소개
- 예루살렘 성벽의 봉헌 (12,27-47)
  - 레위인들 곳곳에서 데리고 옴
  - 사바라·수금·비파에 맞추어 감사와 노래로 봉헌식을 기쁘게 올리려고
  - 자신들을 정결하게 한 후
  - 백성·성문들·성벽을 정결하게 함
  - 사제들·레위인들
  - 수령들
  - '거름문'을 향해 성벽을 타고 오른쪽으로 행진 / 찬양대1
  - 왼쪽으로 행진 / 찬양대2
  - 악기에 맞춰 노래 기뻐함 / 그리고 / 두 찬양대
  - 성벽 위로 올라오게 함
  - θ집 앞에 멈추어 섬
  - θ의 집 관리 위하여
  - 사제들 / 레위인들 / 후원함
  - 백성들 율법을 듣고
  - 이스라엘에서 모든 이방인들 분리시킴
- 신앙의 수호자인 느헤미야 (13,1-30)
  - 느헤미야 아르타크세르크세스 통치 32년
  - 엘야십 사제의 악행 해결
  - 바빌론으로 갔다가 얼마후 다시 예루살렘으로 돌아옴
  - 느헤미야의 개혁
    - 레위인들의 몫 분배 → 도망 간 레위인들 (자기 몫 받지 못해)
    - 성가대로 다시 불러들여 제 자리로
    - 안식일에도 일하는 유다 사람들에게 경고 / 안식일에 식품 팔지 말 것
    - 지시 / 거룩히 지낼 것
    - 사제들·레위인들 정결하게 한 후
    - 임무 확정하여 제 일을 하게 함

에즈라의 율법 봉독 (8,1-9,37)
- 아르타크세르크세스 제7년
- 일곱째 달 / 에즈라
- θ께서 IsR엘에게 명령하신 모세의 율법봉독
- '물문' 앞 광장에서
- 백성들 모이게 하여
- 레위인들 / 백성들에게 θ의 율법 읽어줌 / 번역하고 설명하면서 / 가르쳐줌
- 초막절 지냄
- 이레동안 / 에즈라
- 모세의 율법에 쓰여 있는대로
- 첫날부터 마지막 날까지 θ의 율법서 읽어줌
- 여드레째 / 거룩한 집회

일차 귀환자들의 명단과 수
- θ → 느헤미야의 마음 움직이심
- 등록시키도록 함
- 느헤미야 귀환자들의 일차 집안 별 등록부를 봄
- 귀족들 / 관리들 / 백성

염교사람 개혁 반대자 '토비야'에게 성전 뜰에 방을 차려줌

느헤미야기 묻고 답하기

1. [예루살렘의 재무장 1-7장; 수사 왕성에서]

 - 수사 왕성에 머물던 느헤미야는 임금께 무엇을 청하였습니까?

2. [예루살렘의 재무장 1-7장; 성벽 복구]

 - 예루살렘에 도착한 느헤미야는 무엇부터 시작하였습니까?

3. [예루살렘의 재무장 1-7장; 불멸의 신념]

 - 느헤미야는 방해꾼들의 방해에 어떻게 대처를 하였습니까?

4. [예루살렘의 재무장 1-7장; 불멸의 신념 - 성벽 공사 끝남]

 - 성벽 공사는 며칠 만에 끝났습니까? 느헤미야는 성문을 단 후 어떤 이들을 임명하여 직무를 주었습니까?

5. [느헤미야기 8-13장; 에즈라의 율법 봉독; 일곱째 달]

 - 에즈라는 아르타크세르크세스 제7년 일곱째 달에 무엇을 하였습니까? 레위인들은 백성들에게 무엇을 하였습니까?

6. [느헤미야기 8-13장; 느헤미야의 개혁(10-13장) - 맹약]

 - 느헤미야와 백성 간에 맺은 맹약의 규정은 어떠하였습니까?

7. [느헤미야기 8- 13장; 예루살렘 성벽의 봉헌(12,27-47]

 - 예루살렘 성벽의 봉헌 때에 레위인들을 곳곳에서 불러 온 까닭은 무엇이었습니까?

8. [느헤미야기 8-13장; 느헤미야의 개혁 - 신앙의 수호자 느헤미야]

 - 바빌론에 돌아갔다가 다시 온 느헤미야가 개혁한 내용들을 정리해 보세요.

삶에 적용하기

※미로 찾기 : 성전을 짓는 마음으로 미로를 찾아 봅시다.

※삶의 계획이 뜻대로 되지 않았던 때가 있었나요? 그 삶을
재건하기 위해 어떤 덕목이 필요할까요? 빈 벽돌 안에 적어
보세요.

토빗기

Mirror of Devout Family

총 14장으로 구성된 토빗기는
기원전 587년에 일어난 예루살렘 함락과 성전의 파괴
유다 왕국의 멸망으로 시작된 유배 시대 이후
교훈적 내용들을 전하기 위해 쓰인 일종의 '역사 소설'이다.

1. 책이름

토빗기의 그리스말 성경 이름은 '비블로스 로곤 토빗'이며 토빗의 이야기를 적은 책이라는 뜻을 지닌다. 히브리말 성경 이름은 '세페르 디베르 토빗'이다.

2. 저자와 저술 연대

저자는 디아스포라 공동체에 속하는 유다인으로 본다. 그는 유배 시대 이후 기원전 200~170년경 고대 근동의 유명한 지혜문학 작품인 '현인 아키카르의 이야기'의 구조를 본떠 토빗기를 그리스말로 저술한다.

3. 저술 목적

유배로 여러 나라에 흩어져 살던 유다인 동포들에게 종교적인 가르침을 주기 위해 저술되었다.

4. 토빗

주인공의 이름인 '토빗'의 히브리 말은 '토브야'이다. 그 뜻은 '야훼는 나의 선함, 야훼께서는 좋으시다'이다.

5. 정경성

토빗기는 그리스말로 써졌다는 이유로 히브리말 정경 목록에는 들지 못했다. 그러나 393년 히포 공의회에서 토빗기의 정경성은 강조되었다. 1546년 트렌토 공의회에서 가톨릭교회의 제2경전 목록에 포함되었다.

6. 신학 사상

첫째, 하느님은 인간 세상에서 일어나는 사건과 상황을 '우연'을 통해 당신이 뜻하시는 방향으로 이끌어 가신다.

둘째, 하느님에 대한 절대적 경외와 성실성은 율법의 준수에서 드러난다.

셋째, 동족 사이의 혼인과 가정의 중요성을 강조한다. 그것은 디아스포라 유다인들을 결속하고 이방인들 가운데서 그들의 정체성을 유지할 목적인 것이다.

넷째, '자선과 기도'는 하느님의 은혜를 받게 해준다.

다섯째, 하느님과 인간 사이를 잇는 천사와, 하느님의 일을 방해하는 마귀의 존재를 인정한다

이제 얘들아,
내가 너희에게 분부한다.
하느님을 진심으로 섬기고
그 분께서 좋아하시는 일을
하여라. 너희 자식들도
잘 타일러서, 외로운 일을
하고 자선을 베풀게 하여라.

(토빗 14,8)

토빗기 내용

- 1,1 - 6,1
  토빗의 시련과 믿음

- 6,2 - 11,18
  토비야의 여행과 혼인

- 12,1 - 14,15
  토빗의 찬미와 죽음

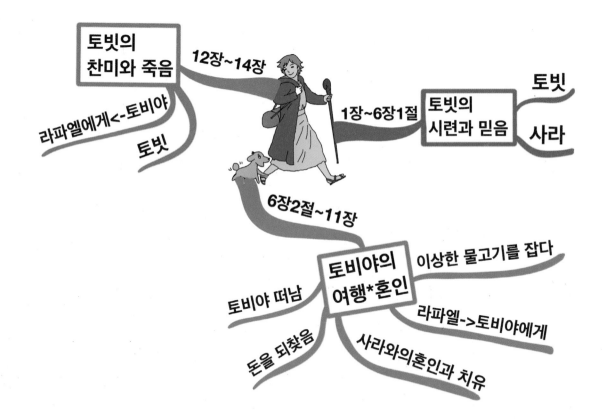

토빗의
찬미와 죽음

12장~14장

라파엘에게<-토비야

토빗

1장~6장1절

토빗의
시련과 믿음

토빗

사라

6장2절~11장

토비야의
여행*혼인

이상한 물고기를 잡다

토비야 떠남

라파엘->토비야에게

돈을 되찾음

사라와의혼인과 치유

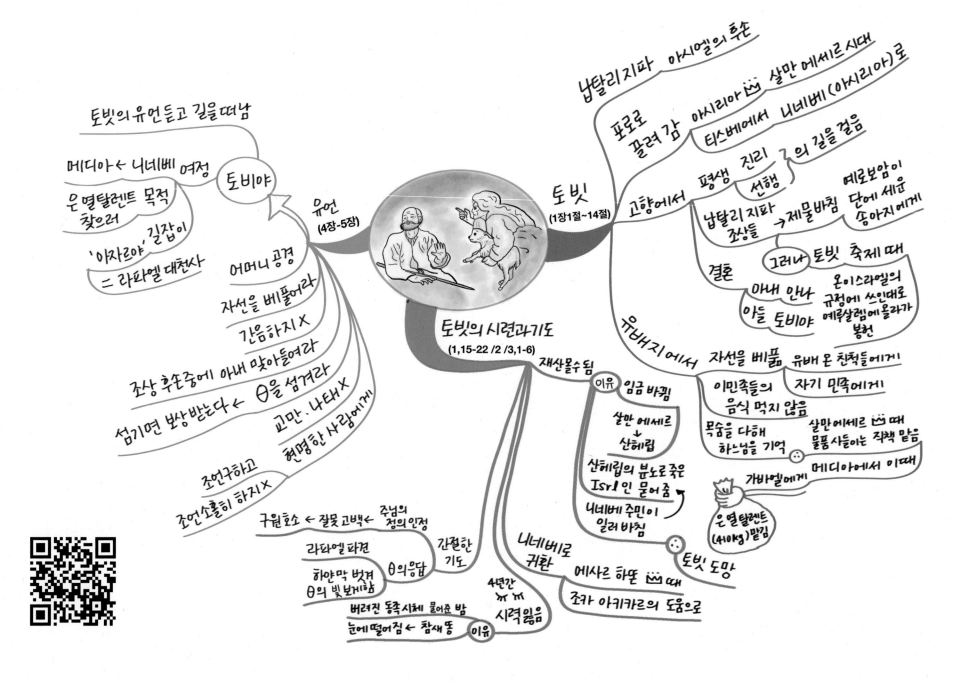

토빗의 유언듣고 길을떠남

토비야

메디아 ← 니네베 여정

은 열탈렌트 목적 찾으러

'아자르야' 길잡이 = 라파엘 대천사

유언 (4장-5장)

어머니 공경

자선을 베풀어라

간음하지 X

조상 후손중에 아내 맞아들여라

섬기면 보상받는다 ← θ을 섬겨라

고만. 나태 X

현명한 사람에게

조언구하고

조언소홀히 하지 X

토빗 (1장1절~14절)

납탈리지파 아시엘의 후손

포로로 끌려 감 아시리아 살만 에세르 시대

티스베에서 니네베 (아시리아) 로

고향에서 평생 진리 선행 의 길을 걸음

납탈리 지파 조상들 → 제물바침

예로보암이 단에 세운 송아지에게

그러나 토빗 축제 때

결혼 아내 안나 아들 토비야

온 이스라엘의 규정에 쓰인대로 예루살렘에 올라가 봉헌

유배지에서

자선을 베풂 유배 온 친척들에게

자기 민족에게

이민족들의 음식 먹지 않음

목숨을 다해 하느님을 기억

살만에세르 때 물품 사들이는 직책 맡음

메디아에서 이때

가바엘에게

은 열탈렌트 (4000) 맡김

토빗의 시련과기도 (1,15-22 /2 /3,1-6)

재산몰수됨

이유 임금 바뀜

살만 에세르 ↓ 산헤립

산헤립의 분노로 죽은 Isr 인 묻어줌

니네베 주민이 일러 바침

토빗 도망

구원호소 ← 잘못 고백 ← 주님의 정의 인정

라파엘 파견

하얀막 벗겨 θ의 빛 보게함

θ의 응답

간절한 기도

니네베로 귀환

에사르 하똔 때

조카 아키카르의 도움으로

4년간 시력 잃음

버려진 동족 시체 묻어준 밤

눈에 떨어짐 ← 참새 똥

이유

112

가지고 온
모든 것의 절반을 → 라파엘에게 ← 토비야
품삯으로 줌

이때 라파엘이
정체 밝힘

"나는 영광스러운 주님 앞에....
일곱 천사 가운데 하나인
라파엘이다." (12,15)

토빗의
찬미와 죽음
(12,1-14,15)

찬미가 부름 토빗

메디아로 유언
피신하여라

나훔이가
니네베를 두고 한
선포가 실현될것임

엑바타나에서
처 부모와 함께 삶

토비야 메디아로 떠남

죽음 117세

사라
(3,7-15)

메디아 엑바타나에 사는
라구엘의 딸

시련 남편 7명 사망 첫날밤 치르기 전

기도 내용 θ찬미 자비호소

응답 라파엘 파견 사라 → 토비야의 아내되게

'아스모대오스'라는
악귀 내쫓아 줌

'니네베'로 ← 엑바타나

쏠개로 토빗의 시력 회복시킴 토비야떠남

라파엘이 가바엘에게서 돈을 되찾음

토비야맞아들임 라구엘

모세의
책 규정에따라 토비야 혼인
사라

염통
간 마귀물리침 토비야
θ께 기도하며 사라·토비야
구원 간청함 혼인잔치 벌임

사라와의
혼인과 차유

토비야의
여행·혼인
(6,2-11,18)

이상한 물고기를
잡다

라파엘

토비야에게 사라와 혼인권유

티그리스 강가에서

잘 간수 염통
쏠개
간

토빗기 묻고 답하기

1. [토빗의 시련과 믿음 1,1-6,1; 토빗]

 - 납탈리 지파 아시엘의 후손 토빗은 언제 어디로 유배를 당했습니까?

2. [토빗의 시련과 믿음 1,1-6,1; 토빗 - 유배지에서]

 - 토빗은 유배지에서 어떤 삶을 살았습니까?

3. [토빗의 시련과 믿음 1,1-6,1; 토빗 - 시련]

 - 토빗이 겪은 시련 중 재산을 잃게 된 이유는 무엇이었습니까?

4. [토빗의 시련과 믿음 1,1-6,1; 토빗 - 유언]

 - 토빗이 아들 토비야에게 선종 전 해 준 유언 내용을 요약해 보세요.

5. [토빗의 시련과 믿음 1,1-6,1; 토빗 - 토비야]

 - 부친의 유언을 들은 후 토비야는 무엇을 하였습니까?

6. [토빗의 시련과 믿음 1,1-6,1; 사라]

 - 메디아 엑바타나에 사는 라구엘의 딸 사라는 어떤 시련을 겪었습니까?

7. [토비야의 여행·혼인 6,2-11,18; 라파엘]

 - 여행 중 라파엘 대천사는 토비야에게 어떤 도움을 주었습니까?

8. [토빗의 찬미와 죽음 12,1-15,15; 토빗]

 - 죽음을 맞이한 토빗은 무엇을 하였습니까?

삶에 적용하기

※토빗기의 내용을 보면 토빗이 친척과 민족들을 위해 베푸는 내용과 토비야가 아버지 토빗의 눈을 뜨게 하기 위해 여행을 떠나는 이야기가 나옵니다. 여러분들은 어떤 선행을 베풀어 왔나요? 주변에서 도움들을 줄 수 있는 시설도 찾아봅시다. 그리고 우리가 나눌 수 있는 것을 나눕시다.

청소년

노인

이웃

도움줄수있는 주변시설

선행

토빗

고향에서 친척들
민족에게
자기 소출의 $\frac{1}{10}$ 레위 자손들에게 줌
도움 고아
과부
이방인들

자선 베풂

유배지에서 친척들
동족들

자선 베풂

니네베 성 밖 던져진 시신 묻어줌

토비야 효행

아버지께 순명

라파엘 천사의 도움으로
아버지 눈을 뜨게 함

사라의 마귀 물리침 → 혼인

나의 경험

선행

효행

115

유딧기

Deliverance of the City
Through Beauty and Courage

총 16장으로 구성된 유딧기는
주인공 유딧을 중심으로
어려운 상황이 지속되던 끝에
하느님께서 베푸시는 구원을 서술하는 이야기이다.

1. 책이름

그리스말 성경과 히브리말 성경 이름은 주인공의 이름을 따서 '유딧기'라 부른다. 히브리말 유딧은 '유다인 여자'를 뜻한다. 그러나 이교도 박해자들에게 항거하라고 촉구되는 유다 민족과 나라를 상징한다.

2. 저자와 저술 연대

저자가 알려지지 않은 셈족말(히브리말)로 저술된 원작은 마카베오 형제 봉기 때 최종적 꼴을 갖춘 것으로 본다. 그러나 지금의 유딧기는 그리스계 각색자가 칠십인역을 이용하여 기원전 2세기경 또는 그 후대에 그리스말로 번역한 것으로 본다.

3. 저술 목적

첫째, 하느님께서는 언제나 선민인 유다 백성을 보호해 주시고, 아무리 큰 위기가 와도 가장 약해보이는 도구(유딧)를 이용하여 원수를 멸망시켜 주신다는 교훈을 주기 위한 것이다.

둘째, 유다인들과 이방인들과의 싸움의 이유를 밝히는 것이다.

4. 역사성

유딧기의 이야기는 실제 역사가 아니다. 본문에 나오는 연대·지명·인물 등은 실제와는 거리가 멀다.

첫째, 기원전 604년~562년 바빌론을 통치했던 네부카드네자르가 612년에 패망한 아시리아의 임금으로 나온다. 또한 예루살렘을 파괴하고 유다인들을 바빌론으로 유배시켰던 네부카드네자르의 군대가 막 돌아온 유배자들에게 패망한다.

둘째, 침략군의 총사령관 홀로페르네스와 그의 내시 바고아스는 아르타크세르크세스 3세(기원전 359~338년)가 파견한 이집트 원정대를 언급하는 고대 페르시아 문헌에 그 이름들이 나온다.

셋째, 이야기의 배경인 배툴리아라는 장소는 성경을 비롯하여 어떤 고대 문헌으로도 확인할 수 없다. 그러므로 유딧기는 상상력과 신학적 의도를 가지고 구성한 '역사 소설'이다.

5. 정경성

유다교 라삐들은 유딧기를 경전으로 인정하지 않는다. 이 때문에 초대 그리스도 교회도 처음에 제2경전의 다른 책들처럼 경전으로 받아들이기를 주저하였다.

그러나 393년 히포 공의회에서 경전으로 인정하였다. 405년 교황 인노첸스 1세가 작성한 정경 목록에 포함된 이래, 1442년 피렌체 공의회, 1546년 트렌토 공의회, 1870년 제1차 바티칸 공의회에서 정경성이 재확인 되었다. 그러므로 가톨릭교회에서는 제2경전으로 분류하여 경전 목록에 포함시킨다. 16세기 종교변혁가들과 개신교 성경학자들은 외경으로 분류한다.

6. 신학 사상

첫째, 하느님의 초월성을 강조한다. 하느님은 초월적인 존재이시므로 인간으로서는 그분의 심오하고 자비로운 계획을 알 길이 없다. 그러므로 인간은 그분을 시험하려 해서는 안 된다. 본문 내용 중 배툴리아 원로들이 닷새 동안 버티다 주님의 도움이 없으면 항복하겠다는 결정은 하느님을 시험하려는 불손한 행위이다.

둘째, 여성도 하느님 백성의 구원을 이루는데 중요한 구실을 할 수 있다.

셋째, 율법과 전통에 대해 유연하고 균형 잡힌 해석을 제시한다. 유딧은 남녀의 역할을 구분하는 가부장 사회의 전통과 관습을 훨씬 뛰어넘어 행동하였고, 수혼법의 의무를 이행하지 않고 과부로 일생을 마친다.

넷째, 고통은 하느님의 징벌이 아니라 당신의 백성을 더 높은 차원의 믿음으로 끌어올리려고 하시는 하느님의 특별한 배려이며 자애의 또 다른 표시로 보아야 한다.

다섯째, 유딧은 행동하는 믿음의 좋은 본보기이다. 평범하고 힘없는 과부였던 유딧은 자신의 아름다움과 주님께 대한 신뢰를 무기 삼아 결연히 행동함으로써 이스라엘에 새로운 생명을 주었다.

유딧기 내용

- 1 – 7장 : 머리글
  이방인의 위협을 받는 유다

- 8,1 – 16,20
  유다를 구하는 유딧

- 16,21 – 25
  유딧의 여생과 죽음

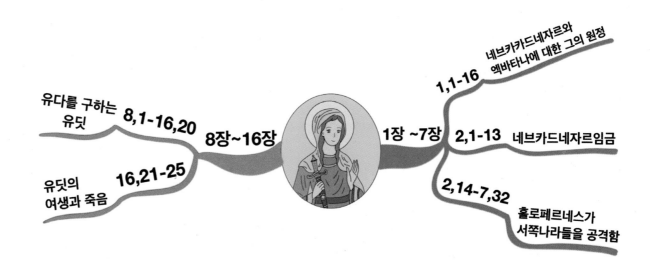

유다를 구하는
유딧 **8,1-16,20**

유딧의
여생과 죽음 **16,21-25**

8장~16장

1장 ~7장

1,1-16 네브카카드네자르와
엑바타나에 대한 그의 원정

2,1-13 네브카드네자르임금

2,14-7,32 홀로페르네스가
서쪽나라들을 공격함

Isrl의 항전 소식 듣고 회의소집 홀로페르네스

"저들을 다스리는 군대를 지휘하는 임금이 누군지 말해 보아라."

암몬인의 수령 아키오르의 대답

"저 민족에게 죄과가 없으면, 주인님께서는 그냥 넘어가시기 바랍니다. 그들의 주님, 그들의 하느님께서 그들을 보호하시어 우리가 온 세상의 우셋거리가 될 것입니다."(5,21)

"네부카드네자르 말고 신이 또 어디 있단 말이냐?"(6,2) 홀로페르네스

홀로페르네스의 명령으로 쫓겨남 유다진영으로 넘겨짐

암몬인의 수령 아키오르

위로하고 칭송함 아키오르의 이야기 듣고

유다의 자손들

홀로페르네스가 서쪽 나라들을 공격함 2 (2,14 - 7,32)

전쟁준비 명함 홀로페르네스 용기를 일으고 Isrl 자손들

주 하느님께 부르짖음

34일간 배툴리아 성읍 포위 Isrl 자손들의 점령함 그러나

우찌야와 성읍의 모든 수장과 원로들 앞에서

물길 샘물 물 떨어짐 저수동굴 바닥남

"아시리아 인들과 화친하여 그들의 종이 되자"라고 외침 우찌야

닷새뒤에 성읍을 아시리아인들 에게 넘기겠다고 맹세함

네부카드네자르와 엑바타나에 대한 그의 원정 (1,1-16)

전쟁 아시리아 네부카드네자르 vs 메디아 아르팍샷

사절들 파견 페르시아의 모든 주민과 서쪽 지방의 모든 주민에게

그러나 주민들 네부카드네자르의 말을 무시 그의 편으로 전쟁에 가담하지 X 사절단을 빈손으로 보냄

승리함 아르팍샷과의 전투에서

맹세함 불복한 온 영토에 보복 칼로 쳐단 ✝ 모든 주민

"불복종한 봉신들을 정복하라."

네부카드네자르 명령함 → 군대의 대장군 홀로페르네스에게

홀로페르네스 공격하고 약탈함 불복종한 나라들 화친제안 받아들임 해안지방 민족들의 모두 신전 부숨 이유

네부카드네자르 만 섬기고, 신으로 받들어 부르게 하려는 것

홀로페르네스가 서쪽 나라들을 공격함 1 (2,14 - 7,32)

소문 듣고 두려워함 홀로페르네스가 한 일들

유다에 사는 Isrl 자손들

θ을 모신 성전 예루살렘을 걱정함 😟 최근 유배에서 돌아와 더럽혀진 θ의 집 축성했기 때문

항전준비 모든 마을에 성을 쌓음 양식 저장

여호야킴 대사제 예루살렘에서 봉직

대상 배툴리아 배토메스 타임

서신 보냄 주민들에게

그들의 소리 들으시고 곤경을 눈여겨 보아주심 θ

참회하며 예루살렘 성소에서 기도드림

내용 지켜라 산악지방의 고갯길 유다로 들어가는 관문

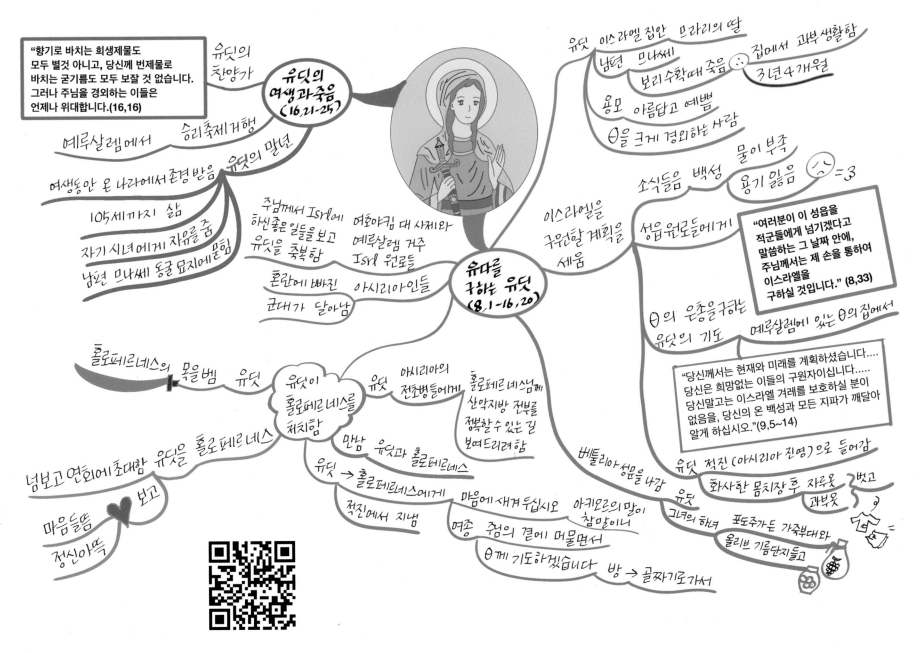

"향기로 바치는 희생제물도 모두 별것 아니고, 당신께 번제물로 바치는 굳기름도 모두 보잘 것 없습니다. 그러나 주님을 경외하는 이들은 언제나 위대합니다.(16,16)

유딧의 찬양가

유딧의 여생과 죽음 (16,21-25)

예루살렘에서 / 승리축제 거행

여생동안 온 나라에서 존경 받음 / 유딧의 말년

105세까지 삶
자기 시녀에게 자유를 줌
남편 므나쎄 동굴 묘지에 묻힘

주님께서 Isr에 하신 좋은 일들을 보고 유딧을 축복함
여호야킴 대 사제와 예루살렘 거주 Isr 원로들
혼란에 빠진 군대가 달아남
아시리아인들

유딧 이스라엘 집안 므라리의 딸
남편 므나쎄
보리 수확때 죽음 집에서 과부 생활함 3년 4개월
용모 아름답고 예쁨
θ을 크게 경외하는 사람

이스라엘을 구원할 계획을 세움

소식들음 백성 물이 부족 용기 잃음 =3

성읍 원로들에게

"여러분이 이 성읍을 적군들에게 넘기겠다고 말씀하는 그 날짜 안에, 주님께서는 제 손을 통하여 이스라엘을 구하실 것입니다." (8,33)

θ의 은총을 구하는 유딧의 기도 / 예루살렘에 있는 θ의 집에서

"당신께서는 현재와 미래를 계획하셨습니다.... 당신은 희망없는 이들의 구원자이십니다..... 당신말고는 이스라엘 겨레를 보호하실 분이 없음을, 당신의 온 백성과 모든 지파가 깨달아 알게 하십시오."(9,5~14)

유다를 구하는 유딧 (8,1-16,20)

유딧 적진 (아시리아 진영)으로 들어감
화사한 몸치장 후 자루옷 벗고 과부옷
그녀의 하녀 포도주가든 가죽부대와 올리브 기름단지들고

베틀리아 성문을 나감

홀로페르네스의 목을 벰 유딧

유딧이 홀로페르네스를 처치함

유딧 아시리아의 전초병들에게
홀로페르네스님께 산악지방 전부를 정복할 수 있는 길 보여드리려함

넘보고 연회에 초대함 유딧을 홀로페르네스
보고 마음들뜸 정신아뜩

만남 유딧과 홀로페르네스

유딧 → 홀로페르네스에게 적진에서 지냄
마음에 새겨 두십시오
아키오르의 말이 참말이니
여종 주님의 곁에 머물면서
θ께 기도하겠습니다 밤 → 골짜기로가서

유딧기 묻고 답하기

1. [네부카드네자르와 엑바타나… 1,1-16; 전쟁]
   - 네부카드네자르 임금은 어느 나라 누구와 전쟁을 하였습니까?

2. [네부카드네자르 임금 2,1-13; 명령함]
   - 네부카드네자르 임금은 대장군 홀로페르네스에게 어떤 명령을 내렸습니까?

3. [홀로페르네스가 서쪽 나라들을 공격함 1]
   - 유다에 사는 이스라엘 자손들은 홀로페르네스의 공격에 대비하여 여호야킴 대사제의 어떤 분부를 받았습니까?

4. [홀로페르네스가 서쪽 나라들을 공격함 2]
   - 홀로페르네스는 배툴리아 성읍을 며칠동안 포위하였습니까?

5. [유다를 구하는 유딧 8,1-16,20 ; 유딧]
   - 유딧의 남편은 누구였으며 어떻게 되었습니까?

6. [이스라엘을 구원할 계획을 세움 – 유딧]
   - 유딧은 하느님의 은총을 구하는 기도를 드린 후 어떤 모습으로 적진에 들어 갔습니까?

7. [유딧이 홀로페르네스를 처치함]
   - 유딧은 홀로페르네스를 어떻게 처형하였습니까?

8. [유딧의 여생과 죽음 – 유딧의 말년]
   - 유딧의 말년은 어떠하였습니까?

삶에 적용하기

※ 여러분이 큰 행복과 기쁨을 느낄 때 부를 찬미가를 지어봅시다.

유딧의 찬양가

전능하신 주님께서는 그들을 여자의 손으로 물리치셨다.

그들의 영웅이 젊은이들 손에 쓰러진 것도 아니고

장사들이 그를 쳐 죽인 것도 아니며

키 큰 거인들이 그에게 달려든 것도 아니다.

므라리의 딸 유딧이 미모로 그를 꼼짝 못하게 만든 것이다.

유딧은 이스라엘에서 고통을 겪는 이들을 끌어올리려고 과부 옷을 벗었다.

얼굴에 향유를 바르고

머리를 띠로 동이고 아마포 옷을 입고 그를 유혹하였다.

유딧의 신발이 그의 눈을 호리고

유딧의 아름다움이 그의 넋을 사로잡았다.

그리고 칼이 그의 목을 베어 버렸다.

페르시아인들이 유딧의 담력에 떨고 메디아인들이

유딧의 용기에 깜짝 놀랐다.

(유딧 16,5-10)

역사서에는 다음과 같은 찬미가(노래)들이 있습니다.

-한나의 노래(1사무 2,1-10)

-사라의 노래(토빗 3,11-15)

-레위인 8명의 찬미가(느헤미야 9,5-37)

-토빗의 찬미가(토빗 13,1-18)

역사서에 있는 찬미가를 읽어본 후, 우리 자신도 큰 행복과 기쁨을 느낄 때 부를 찬미가를 지어봅시다.

에스테르기

The Rescue of a People
through Prayer and Beauty

총 10장으로 구성된 에스테르기는
'푸림절(주사위 축제)' 기원을 설명하기 위한 일종의 역사소설이다.
유다인들은 이교도들의 축제인 '푸림절'을
수용하고 '탈신화'하여 토착화 시켰다.

1. 책이름

에스테르기의 그리스말 성경과 히브리말 성경 이름은 주인공의 이름을 따서 '에스테르'라 부른다. 에스테르는 바빌론의 사랑과 전쟁의 신 '이쉬 타르'에서 유래한 것으로 본다.

2. 저자와 저술 연대

저자는 디아스포라 출신인 익명의 유다인으로 본다. 기원전 3세기경 히브리말 본문이, 기원전 2세기경 그리스말 본문이 완성된 것으로 본다.

3. 저술 목적

첫째, 당신 백성을 파멸로부터 구하시는 하느님의 섭리를 보여주기 위한 것이다.

둘째, '푸림절'의 기원을 설명하기 위한 것이다.

4. 역사성

에스테르기의 본문 내용은 페르시아 시대를 배경으로 하고 있으나 실제는 유다인에 대한 박해가 극에 달했던 시리아 셀레우코스 왕국의 안티오코스 4세와 연관된다. 그러므로 에스테르기는 유다인들의 실제적 체험을 바탕으로 그들의 소망을 소설의 형태로 전한 것이다.

5. 문제점

그리스어 칠십인역의 에스테르기는 하느님에 대하여 한 번도 직접적으로 말하지 않는 167개의 절로 된 히브리말 본문 사이사이에 하느님의 주권과 율법 준수의 중요성을 강조하는 100여 개의 절을 보탠다. 그래서 아래 도표와 같은 '절'과 관련된 본문의 복잡한 '장'의 문제점이 생기게 되었다.

절 (히브리말)	첨가 부분 (그리스말)	내용
1.1 앞	1.1①-1⑪	모르도카이의 꿈
1.1 앞	1.1⑫-1⑰	임금에 대한 음모
3.13 뒤	3.13①-13⑦	크세르크세스 임금의 서신 내용
4.8 뒤	4.8①	모르도카이가 에스테르의 어린 시절 회상시킴
4.17 뒤	4.17①-17⑪	모르도카이의 기도
4.17 뒤	4.17⑫-17㉚	에스테르의 기도
5.1 뒤	5.1①-1⑯	에스테르가 임금 앞에 나아감
8.12 뒤	8.12①-12㉔	크세르크세스 임금의 서신 내용
9.19 뒤	9.19①	푸림절 부가 설명
10.3 뒤	10.3①-3⑪	모르도카이가 꾼 꿈 해석

6. 신학 사상

히브리말 성경 본문은 두 가지 신학적 어려움을 겪고 있다. 하나는 하느님을 전혀 언급하지 않는다는 점과 인종 학살의 잔혹상을 정당화 또는 경축하고 있다는 점이다. 그래서 이 책은 정경으로 받아들이는데 어려움이 있었다.

히브리말 에스테르기는 종교성의 결여에도 정경으로 받아들여진다. 그 이유는 두 가지 중요한 대목을 근거로 에스테르기가 하느님의 자애와 권능을 드높이 기리는 이야기라는 것이다.

첫째, 모르도카이가 에스테르를 설득하는 장면이다. "왕궁에 있다고 모든 유다인들 가운데 왕비만 살아남으리라고 속으로 생각하지 마시오. 그대가 이런 때에 정녕 침묵을 지킨다면, 유다인들을 위한 해방과 구원은 다른 데서 일어날 것이오. 그러나 그대와 그대의 아버지 집안은 절멸하게 될 것이오. 누가 알겠소? 지금과 같은 때를 위하여 그대가 왕비 자리에까지 이르렀는지"(4,13-14).

둘째, 하만의 아내 제레스가 남편에게 한 말이다. "모르도카이가 유다족 출신이라면, 이제 그 앞에서 무너지기 시작한 대감은 그에게 대적할 수 없을뿐더러, 그 앞에서 무너질 수밖에 없습니다."(6,13).

에스테르기는 유다인들의 개선주의와 이방인들에 대한 적대감을 노골적으로 드러내고 있다는 점에서 초기부터 오늘날까지 그리스도 교회에서 별로 인기를 얻지 못했다. 그러나 이 책의 상황 설정이 남의 나라 땅에 끌려와서 자신들의 목숨이냐 원수들의 목숨이냐 라는 생존에 급급한 유다인들의 운명에 관계된 것임을 감안한다면 좀 다르다. 저자는 이런 절박한 상황에서 동료 유다인들을 전통적 믿음으로 초대한다. 이 초대는 히브리말 본문에서는 암시적으로 칠십인역 본문에서는 보다 명시적으로 제시된다. 유다인들은 조상들의 종교 전통과 믿음을 충실히 지켜야 한다. 그렇게만 한다면 약속과 계약에 언제나 성실하신 하느님께서 반드시 남의 땅에 끌려와 유배살이를 하는 당신 백성을 도와주실 것이다. 이로써 에스테르기 저자는 야훼 신앙을 수호하는 유다교 전통주의자들의 대열에 합류하게 된다. 칠십인역 본문은 새로운 축제로 소개하는 푸림절의 창시자가 하느님이심을 명시한다.

에스테르기 내용

- **1 – 2장**
  에스테르가 왕비가 되기까지

- **3,1 – 9,19**

  하만의 음모와 운명의 극복

- **9,30 – 32**
  푸림절

- **10장**
  맺음말

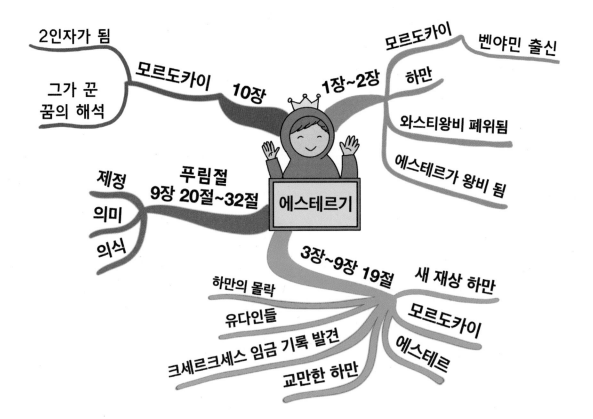

127

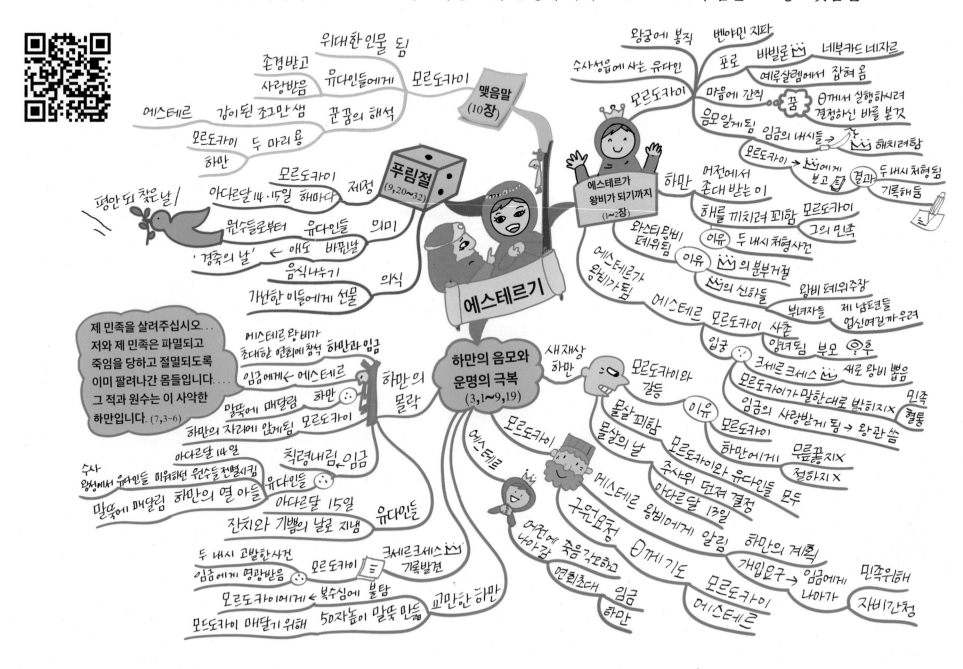

에스테르기 묻고 답하기

1. [에스테르가 왕비가 되기까지 1-2장; 모르도카이]

 - 바빌론에 포로로 끌려 온 모르도카이의 꿈은 무엇이었습니까?

2. [에스테르가 왕비가 되기까지 1-2장; 와스티 왕비 폐위됨]

 - 와스티 왕비가 폐위 된 이유는 무엇이었습니까?

3. [하만의 음모와 운명의 극복 3,1-9,19; 새 재상 하만]

 - 하만은 유다인들을 몰살시킬 날을 어떻게 언제 잡았습니까?

4. [하만의 음모와 운명의 극복 3,1-9,19; 하만의 몰락]

 - 연회에 하만과 임금을 초대한 에스테르가 임금에게 청한 내용은 무엇이었습니까?

5. [하만의 음모와 운명의 극복 3,1-9,19; 하만의 몰락]

 - 에스테르의 요청에 의해 임금이 내린 칙령에는 유다인들이 어떤 조치를 취할 수 있었습니까?

6. [푸림절 9,20-32; 제정과 의미]

 - 푸림절은 언제 지켰고, 그 의미는 무엇이었습니까?

7. [맺음말 10장]

 - 모르도카이가 꾼 꿈의 해석은 어떠했습니까?

삶에 적용하기

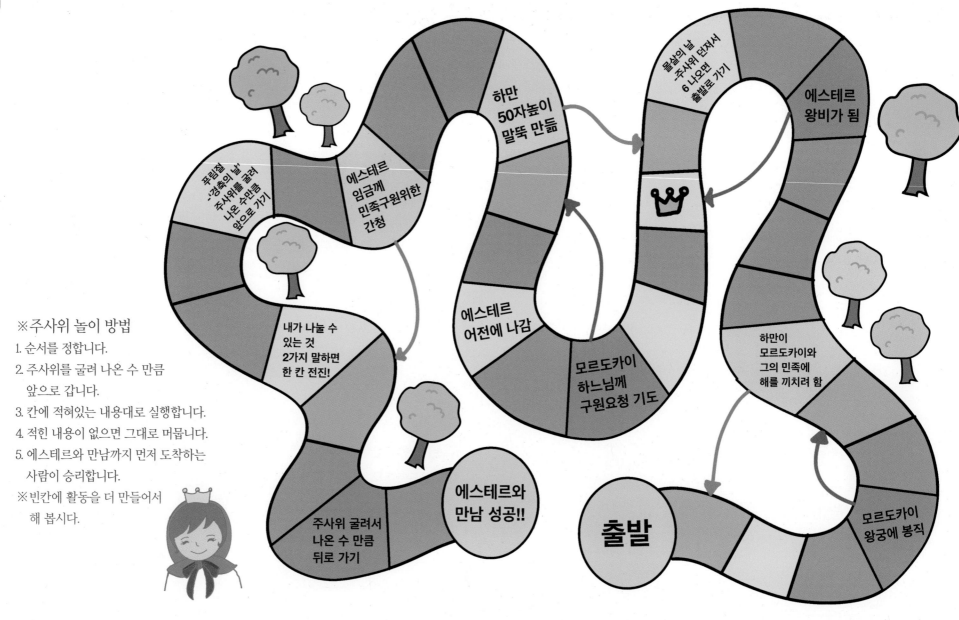

※주사위 놀이 방법
1. 순서를 정합니다.
2. 주사위를 굴려 나온 수 만큼 앞으로 갑니다.
3. 칸에 적혀있는 내용대로 실행합니다.
4. 적힌 내용이 없으면 그대로 머뭅니다.
5. 에스테르와 만남까지 먼저 도착하는 사람이 승리합니다.
※빈칸에 활동을 더 만들어서 해 봅시다.

주사위 놀이판 내용:

- 출발
- 모르도카이 왕궁에 봉직
- 하만이 모르도카이와 그의 민족에 해를 끼치려 함
- 에스테르 왕비가 됨
- 몰살의 날 주사위 던져서 6 나오면 출발로 가기
- 에스테르 어전에 나감
- 모르도카이 하느님께 구원요청 기도
- 하만 50자높이 말뚝 만듦
- 에스테르 임금께 민족구원위한 간청
- 부림절의 날 경축의 날. 주사위를 굴려 나온 수만큼 앞으로 가기
- 내가 나눌 수 있는 것 2가지 말하면 한 칸 전진!
- 주사위 굴려서 나온 수 만큼 뒤로 가기
- 에스테르와 만남 성공!!

130

마카베오기 상·하권

The Martyrs of Israel:
Resisting in Faith to the Point of Shedding Blood

마카베오 상권은 총 16장으로 구성되었고,

안티오코스 4세가 즉위하였던 기원전 175년에서부터

시몬 마카베오의 죽음(기원전 134년)까지의 사건을 배경으로 한다.

마카베오 하권은 총 15장으로 구성되었고,

기원전 176년에서 161년까지 사건을 배경으로 한다.

이 두 권의 책은 서로 다른 독립된 작품으로 추정된다.

헬레니즘 시대 때 선민 이스라엘 백성의

역사를 알려주는 유일한 책이다.

1. 책이름

마카베오기의 그리스말 이름은 '마카바이온 알파, 베타'이다. 마카베오라는 이름은 시리아 통치를 종식시키기 위해 혁명을 일으킨 사제 마타티아스의 셋째 아들 유다의 별명이다. 그 어원은 마케베트(망치) 또는 마카브야후(야훼 하느님께 뽑힌)로 본다.

2. 저자와 저술 연대

마카베오기 상권의 저자는 팔레스티나에 거주한 유다인으로 역대기적 사고에 정통한 보수주의자이다. 그러므로 이스라엘 민족을 하나의 '종교-제의적 공동체'로 간주한다. 또한 철저한 율법 준수를 요구하고, 하느님과 맺은 계약의 혜택은 율법을 지키고 이교도의 풍습을 거부할 때 가능함을 분명히 하고 있다. 저술 연대는 기원전 164~63년 사이로 본다.

마카베오기 하권의 저자는 알렉산드리아에 거주했던 그리스말에 능통한 유다인으로 본다. 그는 부활에 대한 희망을 강조했으며, 모든 사건을 하느님 뜻의 결과로 보았다. 저술 연대는 기원전 124~63년 사이 로마가 예루살렘을 점령하기 이전으로 본다.

3. 저술 목적

마카베오기 상권의 저술 목적은 첫째 하스몬 왕조의 정치적·종교적·사회적 권위의 정당화이다. 둘째 하느님께서는 시리아 임금들의 박해를 받고 있던 이스라엘을 유다와 그의 형제들을 도구로 이용하여 구원하신다. 셋째 전통적인 대사제 출신이 아닌 요나탄과 시몬의 대사제직을 합법화하는 것이다.

4. 마카베오기 상·하권의 상관 관계

마카베오기 상·하권은 유다 마카베오 형제들이 하느님의 도우심으로 유다인들의 자주 독립과 종교의 자유를 되찾는다는 공통 주제를 가진 서로 현저히 다른 독립적인 작품이다. 마카베오 상권은 민족주의적인 차원에서 마카베오가의 항쟁을 전하고 정치적 차원에서의 독립을 부각시킨다. 또한 셈어적 기원을 가져 본래 히브리말로 기록된 것으로 추정한다.

마카베오 하권은 보다 종교적인 관점에서 하느님의 권능과 다가올 메시아적 왕국을 부각시킨다. 헬레니즘적 기원을 가져 본래 그리스말로 기록된 것으로 본다.

5. 마카베오 시기의 역사적 상황

동쪽의 페르시아 제국은 근동 지역과 소아시아를 장악한 후, 점차 서진 정책에 주력한다. 다리우스 임금은 그리스를 침략하지만 마라톤 전투(기원전 490년)에서 패하고, 이후 크세르크세스 1세가 다시 스파르타를 점령하여 아테네까지 진격하지만 살라미스 해협에서 패하면서(기원전 480년) 세계의 패권은 점차 서쪽의 그리스로 옮겨가게 되었다. 그리스 북부 산악 지대의 왕국 마케도니아의 필리포스 2세는 그리스를 침략함으로써 헬레니즘 문화권의 최강자로 부상한다. 그러나 기원전 338년 필리포스가 암살되고 그의 아들 알렉산드로스가 17세에 권좌에 오르면서 인도의 갠지즈 강 유역까지 제국을 넓히지만 , 젊은 나이에 요절함으로써 그리스 대제국은 후계자 분쟁에 휩싸인다. 한편 유다 지역은 이집트 프톨레마이오스 왕조와 시리아 셀레우코스 왕조의 경합 지역으로 전락한다. 마카베오가의 항쟁이 발생했던 시기는 셀레우코스 왕조의 안티오코스 4세가 통치하던 시기였다. 안티오코스 4세는 전쟁과 착취를 일삼으며 자신의 입지를 유리하게 하기 위해 종교적 탄압을 시도한다.

6. 정경성

초기유다교에서는 '마카베오'라는 제목의 책이 네 권있었는데 편의상 제1·2·3·4 마카베오기라 부른다.

이 네 권의 책은 신명기계 역사서처럼 연대순으로 기록된 역사서가 아니다. 네 권의 책 중 제1마카베오기만 히브리말로 쓰였고 나머지는 그리스말로 쓰였다. 그러나 제1마카베오기 조차 그리스말 번역본으로 전해졌기 때문에 유다인들은 히브리어 정경 목록에 포함시키지 않았다. 예로니모와 히브리 정경 목록을 따르는 개신교에서는 이 책들을 외경으로 여겼다. 가톨릭교회에서는 제1·2 마카베오기만을 받아들여 제

2 경전에 포함시켰다. 한국 천주교주교회의 『성경』에서는 마카베오 상·하권이라 한다. 이 두 책은 4세기 말부터 그리스도교 정경 수사본에 나타나지만, 가톨릭교회에서도 논란이 계속되어 16세기 트렌토 공의회에서 정경으로 확정되었다.

7. 신학 사상

마카베오 상권

마카베오 상권의 저자가 살던 시대는 이스라엘의 예언자 운동이 끝나고 대중적 묵시문학이 이제 막 태동하기 시작할 무렵이었지만 저자는 신명기계 역사가처럼 유다인들이 계약의 혜택을 받고 번영을 누리기 위해서는 율법을 올바로 지키고 이교 풍습을 단호히 배척해야 한다고 역설한다.

마카베오 하권

마카베오 하권은 상권의 연속이 아니다. 하권의 저자는 하스몬 왕조 통치의 합법성을 옹호하는 데에 별 관심이 없다. 그 대신 몇 가지 중요한 신학 주제를 강조한다.

첫째, 역사를 목적론적 관점에서 바라보아 역사 안에서 일어난 모든 사건을 하느님의 뜻이 실현된 결과로 받아들였다. 유다인들에게 내린 시련, 배반자들에게 내린 징벌, 박해자들의 패배와 마카베오 형제들의 승리 등은 모두 하느님의 뜻이 그분의 속성인 자애와 공정에 바탕을 두고 집행된 것이다.

둘째, 그리스 우주관에 맞서서 셈족 우주관을 재천명한다. 그리스 우주관은 화학 반응이 일어나기 전과 후에 물질의 모든 질량은 항상 일정하다는 질량 보존의 법칙에 따른 것이다. 반면 유다인들은 하느님께서 세상을 '무에서' 창조하셨다고 믿는다. 저자는 일곱 순교자의 어머니 입을 빌려 하느님께서 하늘과 땅과 그 안에 모든 피조물을 무에서 만드셨다고 밝힘(2마카 7,8 참조)으로써 유다교의 우주관을 재천명하고 창조에 관한 신약성경의 말씀을 준비한다.

셋째, 의인의 부활을 명시적으로 말하면서 영혼의 부활뿐 아니라 육신의 부활도 포함시킨다.

넷째, 산 이들과 죽은 이들이 기도로써 서로 통교할 수 있다.

다섯째, 예루살렘 성전과 그곳에서의 축제 거행을 중요시한다.

여섯째, 유다교 순교자들을 높이 평가한다

애들아, 이제 너희는 율법을 위하여 열성을 다하고 우리 조상들의 계약을 위하여 목숨을 바쳐라.

(1마카 2,50)

마카베오기 상권 내용

- 1 - 2장

  마카베오 항쟁이 벌어지기까지

- 3 - 5장

  유다 마카베오의 항쟁과 승리1

- 6 - 9장

  유다 마카베오의 항쟁과 승리2

- 10 - 12장

  새 지도자 요나탄의 승리

- 13 - 16장

  영구적 지도자가 된 시몬

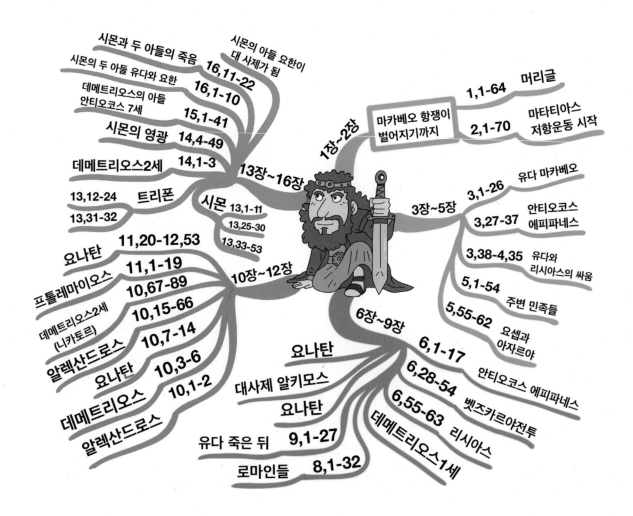

시몬과 두 아들의 죽음
시몬의 아들 요한이 대 사제가 됨 16,11-22
시몬의 두 아들 유다와 요한 16,1-10
데메트리오스의 아들 안티오코스 7세 15,1-41
시몬의 영광 14,4-49
데메트리오스2세 14,1-3
13장~16장
트리폰 13,12-24
13,31-32
시몬 13,1-11
13,25-30
13,33-53
요나탄 11,20-12,53
11,1-19
프톨레마이오스 10,67-89
데메트리오스2세 (니카토르) 10,15-66
알렉산드로스 10,7-14
요나탄 10,3-6
데메트리오스 10,1-2
알렉산드로스
10장~12장

마카베오 항쟁이 벌어지기까지
1장~2장
머리글 1,1-64
마타티아스 저항운동 시작 2,1-70

3장~5장
유다 마카베오 3,1-26
안티오코스 에피파네스 3,27-37
유다와 리시아스의 싸움 3,38-4,35
주변 민족들 5,1-54
요셉과 아자르야 5,55-62

6장~9장
6,1-17
안티오코스 에피파네스 6,28-54
벳즈카르야전투 6,55-63
리시아스
데메트리오스1세

요나탄
대사제 알키모스
요나탄
유다 죽은 뒤 9,1-27
로마인들 8,1-32

마카베오 항쟁이 벌어지기까지
마카베오 상 (1~2장)

머리글 1.1 ~ 64

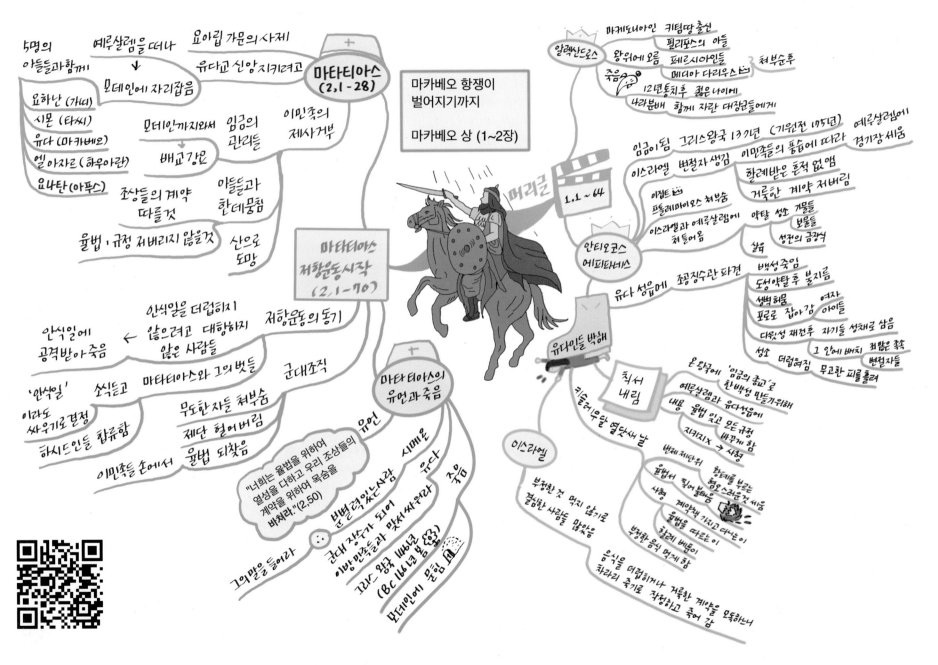

마타티아스 (2,1-28)
- 5명의 아들들과 함께
- 예루살렘을 떠나 → 모데인에 자리잡음
- 요아립 가문의 사제
- 유다교 신앙 지키려고
- 요하난 (가띠)
- 시몬 (타씨)
- 유다 (마카베오)
- 엘아자르 (하우아란)
- 요나탄 (아푸스)
- 모데인까지와서 → 배교강요 / 임금의 관리들 / 이민족의 제사거부
- 조상들의 계약 따를것
- 율법·규정 저버리지 않을것
- 아들들과 한데뭉침
- 산으로 도망

마타티아스 저항운동시작 (2,1-70)
- 안식일에 공격받아 죽음 ← 안식일을 더럽히지 않으려고 대항하지 않은 사람들
- 저항운동의 동기
- '안식일'이라도 싸우기로 결정
- 소식듣고 마타티아스와 그의 벗들
- 하시드인들 합류함
- 군대조직
- 무도한 자들 처부숨
- 제단 헐어버림
- 율법 되찾음
- 이민족들 손에서

마타티아스의 유언과 죽음
유언: "너희는 율법을 위하여 열성을 다하고 우리 조상들의 계약을 위하여 목숨을 바쳐라." (2,50)
- 그의 말을 들어라
- 분별력있는사람 시메온
- 근대 장수가 되어 이방 민족들과 맞서싸워라 유다
- 죽음 그리스 왕국 146년 (BC 166년 봄 쯤)
- 모데인에 묻힘

알렉산드로스
- 마케도니아인 키팅땅 출선
- 필리포스의 아들
- 왕위에 오름
- 페르시아인들 / 메디아 다리우스를 쳐부순후
- 죽음 12년통치후 젊은 나이에
- 나라분배 함께 자란 대장군들에게

안티오코스 에피파네스
- 임금이됨 그리스왕국 137년 (기원전 175년)
- 이스라엘 변절자 생김 이민족들의 풍습에 따라
- 예루살렘에 경기장 세움
- 할례받은 흔적 없앰
- 거룩한 계약 저버림
- 이집트 프톨레마이오스 쳐부숨
- 이스라엘과 예루살렘에 쳐들어옴
- 약탈 성소 기물들 / 보물들
- 살육 / 성전의 금장식
- 유다 성읍에 조공징수관 파견
  - 백성죽임
  - 도성약탈후 불지름
  - 성벽 허물
  - 포로로 잡아감 여자 / 아이들
  - 다윗성 재건후 자기들 성채로 삼음
  - 성소 더럽혀짐 그 안에 배치 / 못땅은 족 변절자들
  - 무고한 피를 흘려

유다인들 박해
- 키슬레우달 열닷새 날
- 칙서 내림
  - 온 왕국에 '임금의 종교'로 한 백성 만들기위해
  - 예루살렘과 유다성읍에
  - 내용 율법 잊고 모든 규정 바꾸게 함
  - 지키지 X → 사형
  - 번제 제단위 함께를 부르는 혐오스러운것 세움
  - 율법서 찢어불태움
  - 계약책 가지고 다니는이
  - 율법을 따르는이
  - 사형
  - 할례 베푼이
  - 부정한 음식 먹게 함

이스라엘
- 부정한 것 먹지 않기로 결심한 사람들 많았음
- 음식을 더럽히거나 거룩한 계약을 모독하기 차라리 죽기로 작정하고 죽어 감

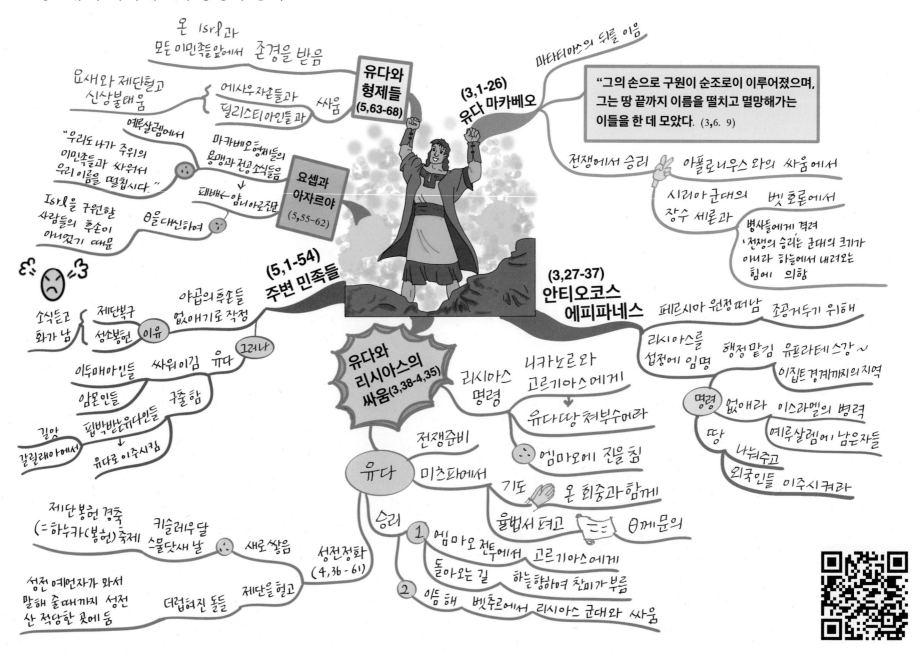

온 15명과
모든 이민족들앞에서 존경을 받음

요새와 제단헐고
신상불태움

에사우자손들과
필리스티아인들과   사움   예루살렘에서

유다와
형제들
(5,63-68)

마타티아스의 뒤를 이음

(3,1-26)
유다 마카베오

"그의 손으로 구원이 순조로이 이루어졌으며,
그는 땅 끝까지 이름을 떨치고 멸망해가는
이들을 한 데 모았다. (3,6. 9)

"우리도 나가 주위의
이민족들과 싸워서
우리 이름을 떨칩시다."

Isr'l을 구원할
사람들의 후손이
아니었기 때문

마카베오형제들의
용맹과 전공 소식을

θ을 대신하여   암니아로진군   패배

요셉과
아자르야
(5,55-62)

전쟁에서 승리   아폴로니우스와의 싸움에서

시리아군대의   벳 호론에서
장수 세론과

병사들에게 격려
전쟁의 승리는 군대의 크기가
아니라 하늘에서 내려오는
힘에 의함

(5,1-54)
주변 민족들

(3,27-37)
안티오코스
에피파네스

페르시아 원정떠남   조공거두기 위해

소식듣고
화가 남

제단복구
성소봉헌   이유

야곱의 후손들
없애기로 작정   그러나

이두매아인들
암몬인들   유다   싸워이김

리시아스를
섭정에 임명   행정맡김   유프라테스강~

이집트 경계까지의지역

명령   없애라   이스라엘의 병력

땅
나눠주고
외국인들 이주시켜라

예루살렘에 남은자들

길앗
갈릴래아에서   핍박받던유다인들   구출함

유다로 이주시킴

유다와
리시아스의
싸움(3,38-4,35)

리시아스
명령   니카노르와
고르기아스에게

유다땅 쳐부수머라

엠마오에 진을 침

전쟁준비

유다   미츠파에서   기도   온 회중과 함께

율법서 펴고   θ께 문의

승리 ①   엠마오 전투에서   고르기아스에게
돌아오는 길   하늘향하여 찬미가 부름

② 이듬 해   벳추르에서 리시아스 군대와 싸움

제단 봉헌 경축
(=하누카(봉헌)축제)   키슬레우달
스물닷새 날   새로쌓음

성전정화
(4,36-61)

성전 예언자가 와서
말해 줄때까지 성전
산 적당한 곳에 둠

더럽혀진 돌들   제단을 헐고

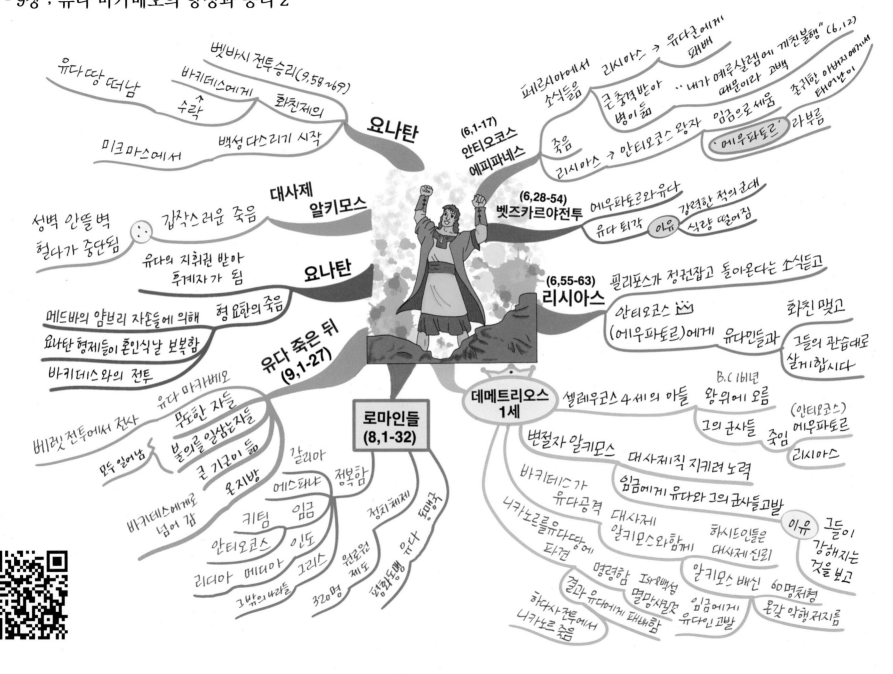

유다땅 떠남

벳바시 전투승리(9,58~69)

바키데스에게

수락

화친제의

미크마스에서

백성 다스리기 시작

요나탄

페르시아에서 소식들음

리시아스 → 유다군에게 패배

큰 충격 받아 병이 듦

"내가 예루살렘에 개친 불행" (6,12) 때문이라 고백

죽음

리시아스 → 안티오코스 왕자 임금으로 세움

존귀한 아버지 에게서 태어난이

(6,1-17) 안티오코스 에피파네스

'에우파토르' 라부름

성벽 안뜰벽

갑작스러운 죽음

대사제 알키모스

(6,28-54) 벳즈카르야전투

에우파토르와 유다 유다 퇴각 강력한 적의 군대

이유 식량 떨어짐

헐다가 중단됨

유다의 지휘권 받아 후계자가 됨

요나탄

(6,55-63) 리시아스

필리포스가 정권잡고 돌아온다는 소식듣고

메드바의 얌브리 자손들에 의해

형 요한의 죽음

요나탄 형제들이 혼인식날 보복함

바키데스와의 전투

유다 죽은 뒤 (9,1-27)

안티오코스 (에우파토르)에게

화친 맺고

유다민들과

그들의 관습대로 살게합시다

베릿 전투에서 전사

유다 마카베오

무도한 자들

불의 일삼는 자들

모두 일어남

바키데스에게로 넘어 감

큰 기근이 듦

온지방

데메트리오스 1세

셀레우코스 4세의 아들

B.C 161년 왕위에 오름

그의 군사들

(안티오코스) 에우파토르 죽임

리시아스

로마인들 (8,1-32)

변절자 알키모스

대사제직 지키려 노력

바키데스가 유다공격

임금에게 유다와 그의 군사들 고발

갈리아

정복함

에스파냐

키팀

임금

안티오코스

인도

리디아

메디아

그리스

그밖의 나라들

320명

정치 체제

원로원 제도

유다 동맹국

로마공

도망옴

동맹동맹 유다

대사제 알키모스와함께

하시드인들은 대사제 진뢰

알키모스 배신

60명처형

온갖 악행 저지름

이유 그들이 강해지는 것을 보고

니카노르를 유다땅에 파견

명령함 Isr백성 멸망시킬것

결과 유다에게 패배함

임금에게 유다인 고발

하다사 전투에서 니카노르 죽음

139

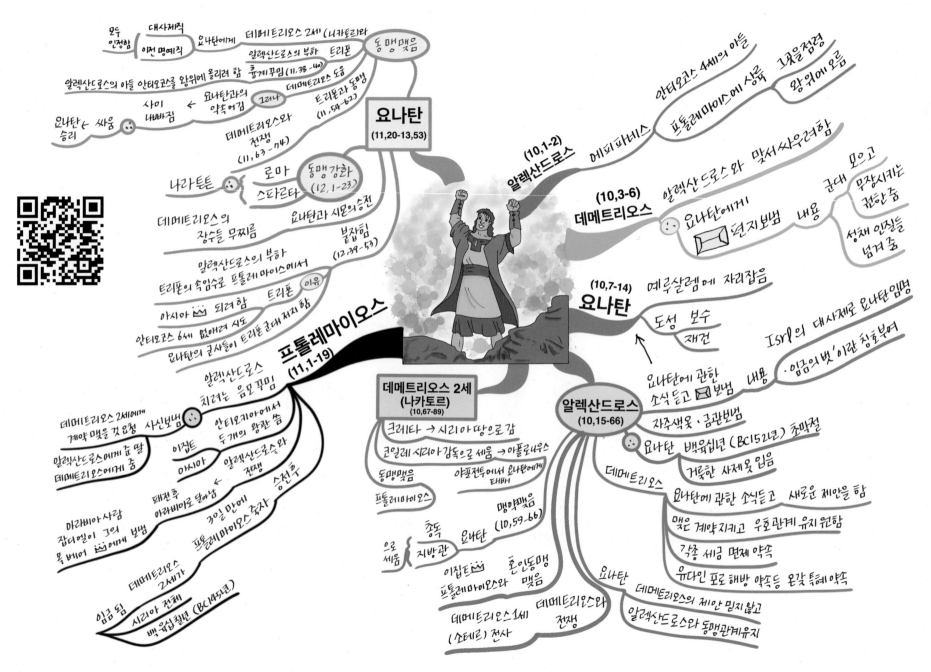

모두 인정함 / 대사제직 / 이전 명예직 / 요나탄에게

테메트리오스 2세 (니카토르)와

알렉산드로스의 부하 트리폰 / 동맹맺음

알렉산드로스의 아들 안티오코스를 왕위에 올리려 함 / 흉계 꾸밈 (11,38~40)

요나탄 ← 싸움 / 승리

사이 내버짐 ← 요나탄과의 약속 어김 / 그러나 / 데메트리오스 도움 / 트리폰과 동맹 (11,54~62)

요나탄 (11,20-13,53)

데메트리오스와 전쟁 (11,63~74)

나라투른

로마 스파르타 / 동맹강화 (12,1~23)

데메트리오스의 장수들 무찌름

요나탄과 시몬의 승전

알렉산드로스의 부하 트리폰의 속임수로 프톨레마이스에서 / 아시아 왕 되려 함 / 트리폰 / 이유

붙잡힘 (12,39~53)

안티오코스 6세 없애려 시도 / 요나탄의 군사들이 트리폰 군대 저지 함

프톨레마이오스 (11,1-19)

알렉산드로스 치려는 음모 꾸밈

데메트리오스 2세에게 계약 맺을 것 요청 사신보냄

알렉산드로스에게 줄 딸 데메트리오스에게 줌

이집트 아시아

안티오키아에서 두개의 왕관 씀

알렉산드로스와 전쟁

아라비아사람 잡디엘이 그의 목 베어 보냄

패전후 아라비아로 달아남

3일 만에 프톨레마이오스 죽자

승전 후

데메트리오스 2세가 임금 됨 / 시리아 전체 백육십칠년 (BC145년)

안티오코스 4세의 아들

에피파네스 / 포톨레마이스에 상륙 / 그것을 점령 / 왕위에 오름

(10,1-2) 알렉산드로스

알렉산드로스와 맞서 싸우려함

(10,3-6) 데메트리오스

요나탄에게 / 던지보냄 / 내용 / 군대 모으고 무장시키는 권한 줌 / 성채 인질들 넘겨 줌

(10,7-14) 요나탄

예루살렘에 자리잡음

도성 보수 재건

Isrl의 대사제로 요나탄 임명

요나탄에 관한 소식 듣고 보냄 / 내용 '임금의 벗'이란 칭호부여

자주색옷 · 금관보냄

데메트리오스 2세 (나카토르) (10,67-89)

크레타 → 시리아 땅으로 감

코일레 시리아 감독으로 세움 → 아폴로니우스

동맹맺음 / 프톨레마이오스

야포전투에서 요나탄에게 패배

알렉산드로스 (10,15-66)

요나탄 백육십년 (BC152년) 초막절 / 거룩한 사제 옷 입음

데메트리오스 / 요나탄에 관한 소식듣고 새로운 제안을 함

맺은 계약 지키고 우호관계 유지 원함

각종 세금 면제 약속

유다인 포로 해방 약속등 온갖 특혜 약속

요나탄 / 데메트리오스의 제안 믿지않고 알렉산드로스와 동맹관계유지

맹약맺음 (10,59~66)

으로 세움 { 총독 지방관 } 요나탄

이집트 프톨레마이오스와 / 혼인동맹 맺음

데메트리오스1세 (소테르) 전사 / 데메트리오스와 전쟁

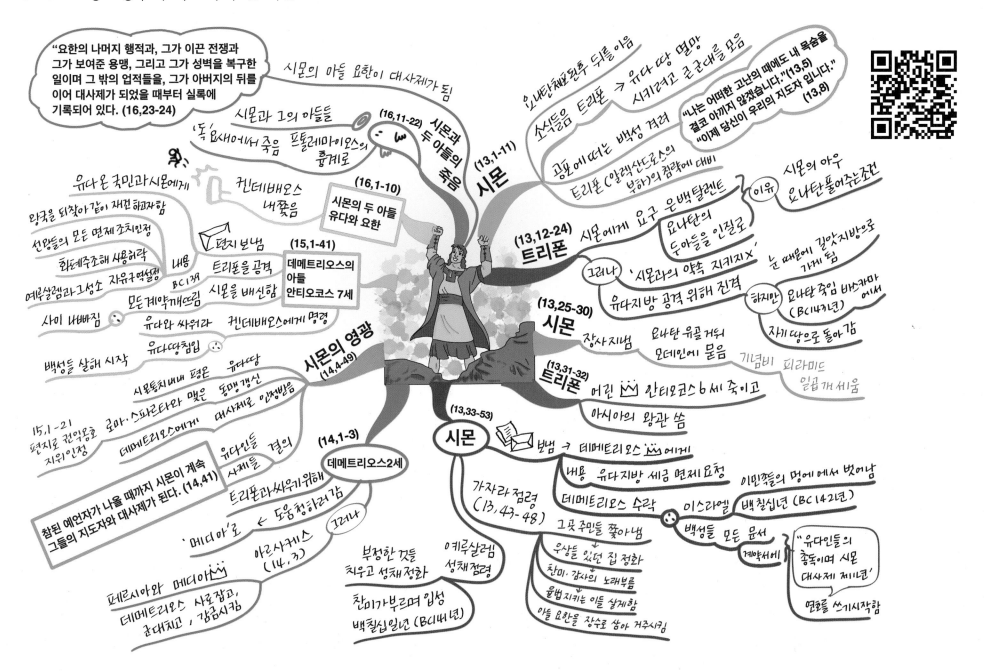

"요한의 나머지 행적과, 그가 이끈 전쟁과 그가 보여준 용맹, 그리고 그가 성벽을 복구한 일이며 그 밖의 업적들을, 그가 아버지의 뒤를 이어 대사제가 되었을 때부터 실록에 기록되어 있다. (16,23-24)

시몬의 아들 요한이 대사제가 됨

시몬과 그의 아들들

(16,11-22) 시몬과 두 아들의 죽음

'독' 요새에서 죽음 프톨레마이오스의 흉계로

요나탄 체포 된후 뒤를 이음 → 유다 땅 멸망
소식들음 트리폰 → 시키려고 큰 군대를 모음

공포 에 떠는 백성 격려

"나는 어떠한 고난의 때에도 내 목숨을 결코 아끼지 않겠습니다." (13,5)
"이제 당신이 우리의 지도자 입니다." (13,8)

(16,1-10) 쿤테배오스 내쫓음

시몬의 두 아들 유다와 요한

트리폰 (알렉산드로스의 부하)의 침략에 대비

(13,1-11) 시몬

시몬의 아우 요나탄 풀어주는조건 (이유)

시몬에게 요구 은백 탈렌트

(13,12-24) 트리폰

요나탄의 두 아들을 인질로

그러나 '시몬과의 약속 지키지 X'

유다지방 공격 위해 진격

눈 때문에 길앗지방으로 가게 됨

(하지만) 요나탄 죽임 밧자카마
(BC143년)

자기 땅으로 돌아 감

(13,25-30) 시몬

장사지냄   요나탄 유골 거둬 모데인에 묻음

기념비   피라미드 일곱 개 세움

(13,31-32) 트리폰   어린 안티오코스 6세 죽이고

아시아의 왕관 씀

(15,1-41) 데메트리오스의 아들 안티오코스 7세

편지 보냄   내용   BC139

트리폰을 공격

시몬을 배신함   모든 계약 깨뜨림

유다와 싸워라   쿤테배오스에게 명령

사이 내빠짐   유다땅 침입

백성들 살해 시작

유다 온 국민과 시몬에게

왕국을 되찾아 같이 재건 하고자함

선왕들의 모든 면제 조치인정

화페주조해 사용허락

예루살렘과 그성소   자유구역설정

시몬통치시내내 평온   유다땅

로마·스파르타와 맺은 동맹갱신

데메트리오스에게   대사제로 인정받음

시몬의 영광 (14,4-49)

15,1-21
편지로 권위용호
지위인정

참된 예언자가 나올 때까지 시몬이 계속 그들의 지도자와 대사제가 된다. (14,41)

(14,1-3) 데메트리오스2세

유다인들   결의
사제를

트리폰과 싸우기 위해

'메디아'로 ← 도움청하러 감   그러나

아르사케스 (14,3)

페르시아와 메디아

데메트리오스 사로잡고,
군대치고, 감금시킴

부정한 것들 치우고 성채정화

예루살렘 성채 점령

찬미가부르며 입성
백칠십일년 (BC141년)

가자라 점령 (13,43-48)

그곳 주민들 쫓아냄

우상들 있던 집 정화

찬미·감사의 노래부름

율법지키는 이들 살게함

아들 요한을 장수로 삼아 거주시킴

(13,33-53) 시몬

보냄 → 데메트리오스 에게

내용 유다지방 세금 면제 요청

데메트리오스 수락

이방쪽의 멍에 에서 벗어남

이스라엘   백칠십년 (BC142년)

백성들 모든 문서
계약서에

"유다인들의 총독이며 시몬
대사제 제1년"

연호를 쓰기시작함

141

마카베오기 상권 묻고 답하기

1. [머리글 1,1-64: 안티오코스 에피파네스]

 - 안티오코스 임금 재임 시절 이스라엘의 변절자들은 어떤 풍속을 따랐습니까?

2. [머리글 1,1-64: 안티오코스 – 유다인들 박해]

 - 안티오코스 에피파네스는 박해를 가하기 위해 키슬레우달 열닷새 날에 유다인들에게 무엇을 하였습니까?

3. [마타티아스 저항운동 시작 2,1-70: 마타티아스]

 - 요아립 가문의 사제 마타티아스는 유다교 신앙을 지키기 위해 무엇을 하였습니까?

4. [유다 마카베오 3,1-26: 전쟁에서 승리]

 - 유다는 세론과 싸우기 전 병사들에게 어떤 권고의 말을 해 주었습니까?

5. [유다와 리시아스의 싸움 3,38-4,35: 유다]

 - 유다는 리시아스의 명령으로 침략해 온 적군들과의 전투에서 승리한 후 무엇을 하였습니까?

6. [유다 죽은 뒤 9,1-27]

 - 유다 마카베오는 어느 전투에서 전사하였습니까?

7. [알렉산드로스 에피파네스 10,15-66]

 - 알렉산드로스는 요나탄에게 보낸 편지를 통해 어떤 제안을 하였습니까?

8. [요나탄 11,20-13,53: 동맹 강화]

 - 데메트리오스 2세와 트리폰과 동맹을 맺은 요나탄은 어느 나라와 동맹을 맺어 나라를 튼튼하게 하였습니까?

9. [시몬 13,33-53: 편지 보냄]

 - 시몬의 편지를 받은 데메트리오스 임금은 유다 지방 세금을 면제 해주고 이민족들의 멍에에서 벗어나게 해 주었습니다. 그 때부터 시몬은 어떤 내용의 연호를 사용하였습니까?

마카베오기 하권 내용

- 1,1 – 2,18
  이집트에 있는 유다인들에게 보내는 편지

- 2,19 – 32
  하권 편집자의 머리말

- 3,1 – 4,50
  대사제직의 타락

- 5,1 – 7,42

  안티오코스 4세 에피파네스의 유다교 탄압과 순교

- 8,1 – 15,39

  유다 마카베오의 승리와 성전 재 봉헌

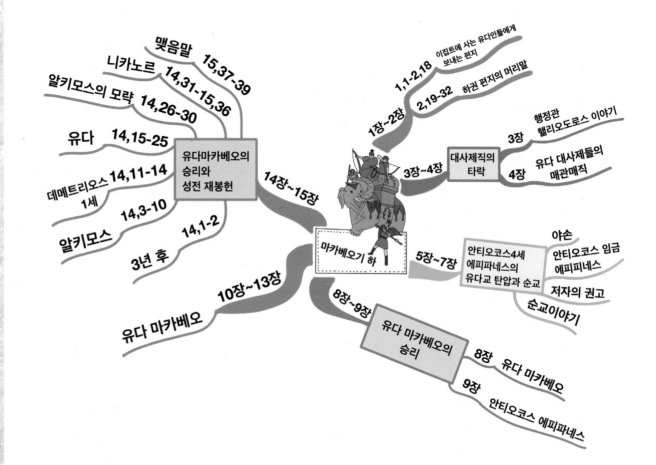

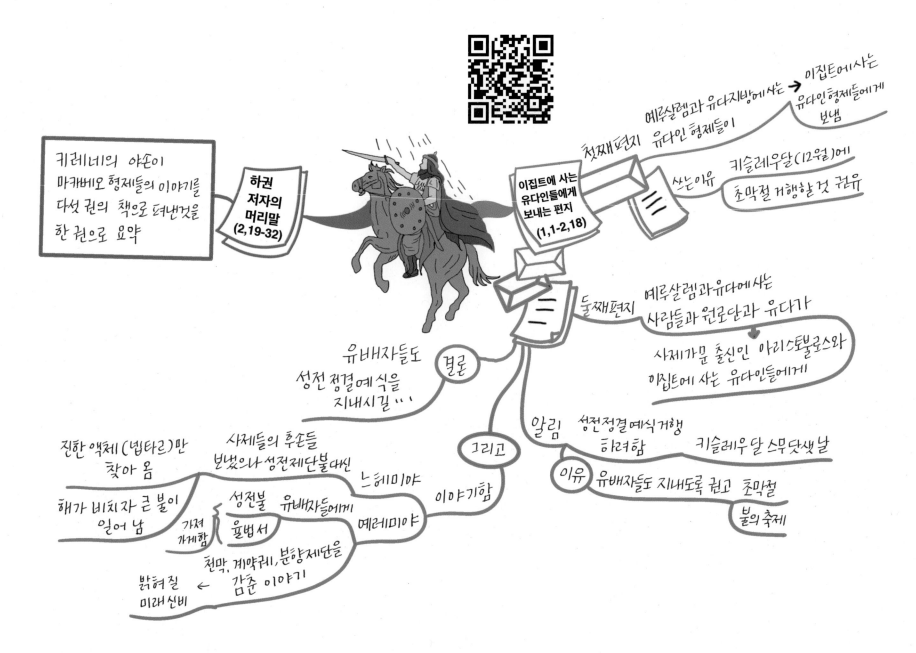

키레네의 야손이
마카베오 형제들의 이야기를
다섯 권의 책으로 펴낸것을
한 권으로 요약

하권
저자의
머리말
(2,19-32)

이집트에 사는
유다인들에게
보내는 편지
(1,1-2,18)

첫째편지   예루살렘과 유다지방에사는
유다인 형제들이   →   이집트에사는
유다인 형제들에게
보냄

쓰는이유   키슬레우달(12월)에
초막절 거행할 것 권유

둘째편지   예루살렘과 유다에사는
사람들과 원로단과 유다가   →   사제가문 출신인 아리스토불로스와
이집트에 사는 유다인들에게

알림   성전정결예식 거행
하려함   키슬레우달 스무닷샛날

이유   유배자들도 지내도록 권고 초막절
불의 축제

유배자들도
성전 정결예식을
지내시길 …   결론

그리고

이야기함

느헤미야   사제들의 후손들
보냈으나 성전제단불 대신

진한 액체 (넵타르)만
찾아 옴

해가 비치자 큰 불이
일어 남   가져
가게함   성전불
율법서   유배자들에게
예레미야

천막, 계약궤, 분향제단을
감춘 이야기

밝혀질 ←
미래 신비

144

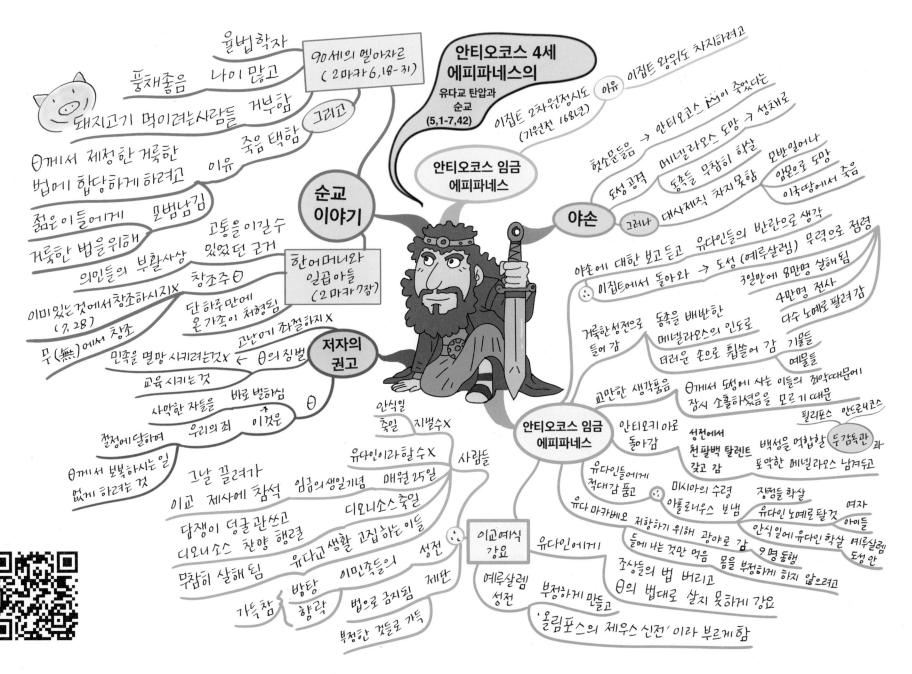

율법학자

풍채좋음   나이 많고

90세의 엘아자르
(2마카 6,18-31)

안티오코스 4세
에피파네스의

유다교 탄압과
순교
(5,1-7,42)

이집트 왕위도 차지하려고

이유 이집트 2차원정시도   안티오코스 ⚔이 죽었다는

돼지고기 먹이려는사람들 거부함   그리고

이집트 2차원정시도
(기원전 168년)

헛소문들음 → 안티오코스 ⚔이 죽었다는

죽음 택함

안티오코스 임금
에피파네스

도성 공격   메넬라오스 도망 → 성채로
동족들 무참히 학살   모반 일어나

암문으로 도망   이국땅에서 죽음

야손

이유

⊖께서 제정한 거룩한
법에 합당하게 하려고

순교
이야기

그러나 대사제직 차지 못함

젊은 이들에게 모범남김

거룩한 법을위해

고통을 이길 수
있었던 근거

의인들의 부활사상   창조주⊖

한어머니와
일곱아들
(2마카7장)

야손에 대한 보고 듣고 유다인들의 반란으로 생각
이집트에서 돌아와 → 도성 (예루살렘) 무력으로 점령

3일만에 8만명 살해됨

4만명 전사

다수 노예로 팔려 감

이미 있는 것에서 창조하시지X
(7,28)

무 (無)에서 창조

단 하루만에
온 가족이 처형됨

고난에 좌절하지X

저자의
권고

거룩한 성전으로
들어 감

동족을 배반한
메넬라오스의 인도로
더러운 손으로 휩쓸어 감

기물들

예물들

민족을 멸망 시키려는것X ← ⊖의 징벌

교만한 생각품음 ⊖께서 도성에 사는 이들의 죄악때문에
잠시 소홀하셨음을 모르기 때문

교육 시키는 것

사악한 자들을 바로 벌하심

우리의 죄   이것은

⊖

안식일
축일 지킬수X

안티오키아로
돌아감

성전에서
천팔백 탈렌트
갖고 감

백성을 억압할
포악한 메넬라오스 남겨두고

필리포스 안드로니코스

두감독관   과

절정에 달하여

⊖께서 보복하시는 일
없게 하려는 것

그날 끌려가
이교 제사에 참석 임금의 생일기념 매월 25일

안티오코스 임금
에피파네스

유다인이라할수X   사람들

유다인들에게
적대감 품고

미시아의 수령
아폴로니우스 보냄

장정들 학살

유다인 노예로 팔것

여자

담쟁이 덩굴 관쓰고
디오니소스 찬양 행렬

임금의 생일기념
디오니소스 축일

유다 마카베오 저항하기 위해 광야로 감   들에 나는 것만 먹음

아이들

안식일에 유다인 학살

예루살렘

무참히 살해됨 유다교 생활 고집하는 이들

이교예식
강요

유다인에게

몸을 부정하게 하지 않으려고

9 명 동행

도성 안

가득참 방탕 이민족들의 성전
향락 법으로 금지됨 제단
부정한 것들로 가득

예루살렘
성전

부정하게 만들고

조상들의 법 버리고
⊖의 법대로 살지 못하게 강요

'올림포스의 제우스 신전'이라 부르게 함

145

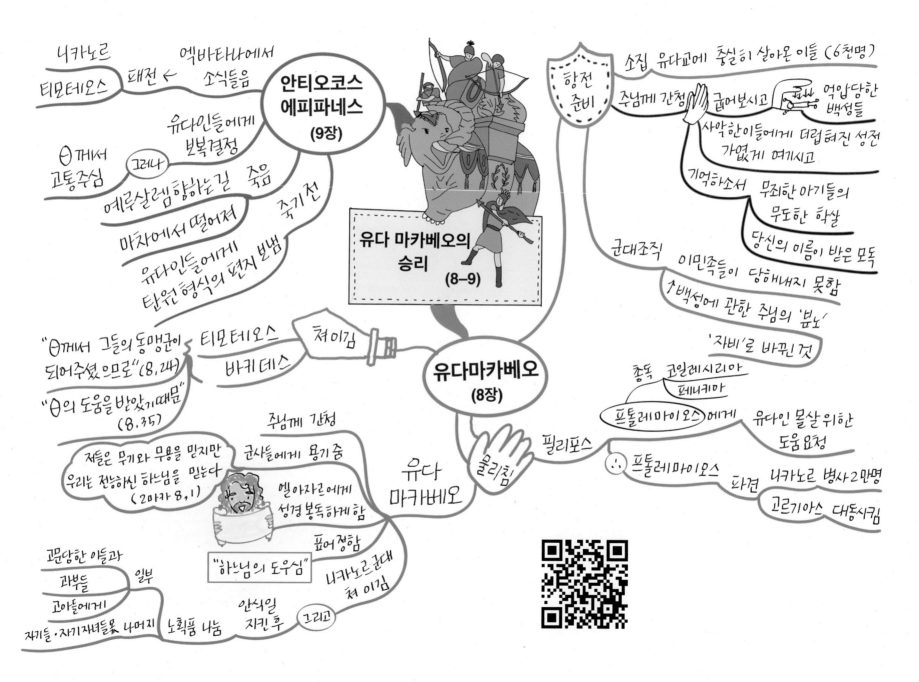

니카노르

티모테오스 패전 ← 엑바타나에서 소식들음

안티오코스 에피파네스 (9장)

⊕께서 고통주심

그러나 유다인들에게 보복결정

예루살렘 향하는 길 죽음

마차에서 떨어져

유다인들에게 탄원 형식의 편지 보냄 죽기 전

유다 마카베오의 승리 (8-9)

항전 준비 소집 유다교에 충실히 살아온 이들 (6천명)

주님께 간청 굽어보시고 억압당한 백성들

사악한 이들에게 더럽혀진 성전 가엾게 여기시고

기억하소서 무죄한 아기들의 무도한 학살

당신의 이름이 받은 모독

군대조직 이민족들이 당해내지 못함

백성에 관한 주님의 '분노'

'자비'로 바뀐 것

"⊕께서 그들의 동맹군이 되어주셨으므로"(8,24)

티모테오스 쳐 이김

바키데스

"⊕의 도움을 받았기때문"(8,35)

유다마카베오 (8장)

총독 코일레시리아 페니키아

프톨레마이오스에게 유다인 몰살 위한 도움 요청

필리포스

⊙ 프톨레마이오스

파견 니카노르 병사2만명

고르기아스 대동시킴

물리침

유다 마카베오

저들은 무기와 무용을 믿지만 우리는 전능하신 하느님을 믿는다 (2마카 8,1)

주님께 간청

군사들에게 용기 줌

엘아자르에게 성경 봉독하게 함

"하느님의 도우심"

표어 정함

니카노르 군대 쳐 이김

고문당한 아들과 과부들 일부

고아들에게

자기들·자기자녀들몫 나머지 노획품 나눔

안식일 지킨 후 그리고

146

● 5,1 - 7,42 : 안티오코스 4세 에피파네스의 유다교 탄압과 순교

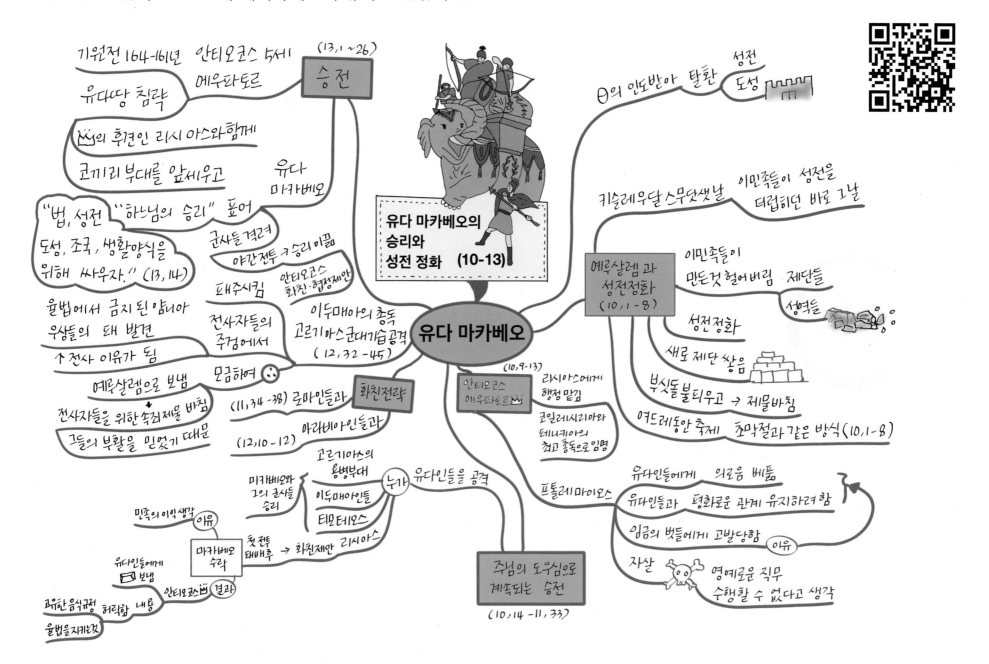

기원전 164-161년 안티오코스 5세 에우파토르
(13,1~26)
승전

유다땅 침략

⛨의 후견인 리시아스와 함께

코끼리 부대를 앞세우고

유다 마카베오

"법, 성전 "하느님의 승리" 표어
도성, 조국, 생활양식을
위해 싸우자." (13,14)

군사들 격려

야간전투 → 승리 이끎

패주시킴

안티오코스
화친·협정제안

율법에서 금지된 암니아
우상들의 패 발견
↑ 전사 이유가 됨

전사자들의
주검에서

이두매아의 총독
고르기아스 군대 기습공격
(12,32-45)

예루살렘으로 보냄
↓
전사자들을 위한 속죄제물 바침
그들의 부활을 믿었기 때문

모금하여 😊

(11,34-38) 로마인들과

화친전략

아라비아인들과

(12,10-12)

θ의 인도받아 탈환 성전
도성 🏰

유다 마카베오의
승리와
성전 정화 (10-13)

키슬레우달 스무닷샛날 이민족들이 성전을
더럽히던 바로 그날

예루살렘 과
성전정화
(10,1-8)

이민족들이
만든것 헐어버림 제단들
성역들

성전정화

새로 제단 쌓음

부싯돌 불 피우고 → 제물바침

여드레동안 축제 초막절과 같은 방식 (10,1-8)

유다 마카베오

(10,9-13)

안티오코스
에우파토르 ⛨

라시아스에게
행정 맡김

코일레시리아와
페니키아의
최고 총독으로 임명

고르기아스의
용병부대
이두매아인들
티모테오스

첫 전투
패배후 → 화친제안 리시아스

마카베오와
그의 군사들
승리

누가 유다인들을 공격

프톨레마이오스

유다인들에게 의로움 베풂

유다인들과 평화로운 관계 유지하려 함

임금의 벗들에게 고발당함 이유

자살 ☠ 영예로운 직무
수행할 수 없다고 생각

민족의 이익생각 이유

마카베오
수락

유다인들에게
✉ 보냄

과유한 음식규정 허락함 내용
율법을 지키는것

안티오코스 ⛨ 결과

주님의 도우심으로
계속되는 승전
(10,14-11,33)

147

● 8,1 - 15,39 : 유다 마카베오의 승리와 성전 재 봉헌

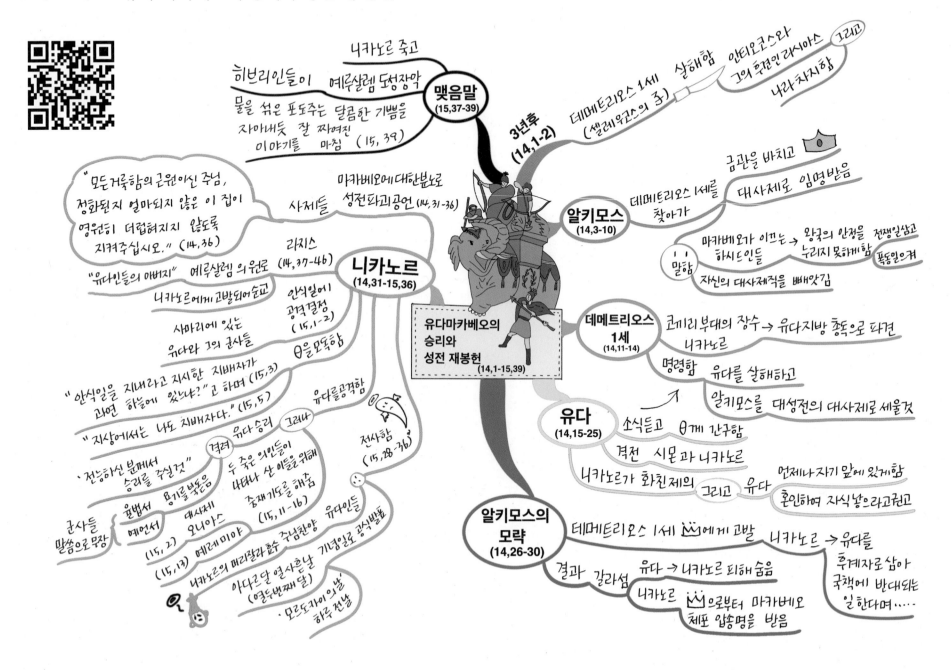

니카노르 죽고

히브리인들이   예루살렘 도성장악

맺음말
(15,37-39)

물을 섞은 포도주는 달콤한 기쁨을
자아내듯 잘 짜여진
이야기를 마침 (15, 39)

3년후
(14,1-2)   데메트리오스 1세   살해함   안티오코스와
(셀레우코스의 子)   그의 후견인 리시아스를
                              나라 차지함   그리고

금관을 바치고

데메트리오스 1세를   대사제로 임명받음
찾아가

알키모스
(14,3-10)

마카베오가 이끄는 → 왕국의 안정을   전쟁일삼고
하시드인들   누리지 못하게함   폭동일켜
말함
자신의 대사제직을 빼앗김

"모든 거룩함의 근원이신 주님,
정화된지 얼마되지 않은 이 집이
영원히 더럽혀지지 않도록
지켜주십시오." (14,36)

마카베오에 대한 분노로
성전파괴공언 (14,31-36)

사제들

"유다인들의 아버지" 예루살렘 의 원로
                    라지스
                    (14,37-46)

니카노르
(14,31-15,36)

니카노르에게 고발되어 순교

안식일에
공격결정
(15,1-2)

사마리아에 있는
유다와 그의 군사들   θ을 모독함

데메트리오스
1세
(14,11-14)

코끼리 부대의 장수 → 유다지방 총독으로 되견
니카노르

명령함   유다를 살해하고
        알키모스를 대성전의 대사제로 세울것

유다
(14,15-25)   소식듣고
               θ께 간구함

격전   시몬과 니카노르

니카노르가 화친제의   그리고   유다   언제나 자기 앞에 있게함
                                    혼인하여 자식낳으라고 권고

"안식일을 지내라고 지시한 지배자가 과연
하늘에 있느냐?" 고 하며 (15,3)

"지상에서는 나도 지배자다." (15,5)

유다를 공격함

유다 승리 그러나

전사함
(15,28-36)

격려   두 죽은 의인들이
            나타나 산 이들을 위해
            중재 기도를 해줌
            (15,11-16)

"전능하신 분께서
승리를 주실것"

군사들   용기를 북돋움
말씀으로 무장
        율법서   대사제
        예언서   오니아스
        (15,2)   예레미야
                 (15,13)

니카노르의 머리잘라 효수 주님찬양 유다인들

아다르달 열사흗날 기념일로 공식발표
(열두번째 달)

•모르도카이의 날
하루 전날

알키모스의
모략
(14,26-30)

테메트리오스 1세 👑에게 고발

결과 갈라섬

니카노르 → 유다를
          후계자로 삼아
          국책에 반대되는
          일 한다며……

유다 → 니카노르 피해 숨음

니카노르 👑으로부터 마카베오
체포 압송명을 받음

유다마카베오의
승리와
성전 재봉헌
(14,1-15,39)

148

마카베오 하권 묻고 답하기

1. [이집트에 사는 유다인들에게 보내는 편지 1,1-2,18: 알림]

 - 예루살렘과 유다 지방에 사는 유다인 형제들은 이집트에 살고 있는 유다인 형제들에게 두 번 편지를 보낸 까닭은 무엇 때문이었습니까?

2. [대사제직의 타락 3,1-4,50; 유다 대사제들의 매관매직(4장)]

 - 대사제 오니아스의 동생 야손은 어떻게 대사제직을 차지할 수 있었습니까?

3. [안티오코스 에피파네스 임금 - 유다인들에게 적대감 품고]

 - 안티오코스 임금은 유다인들에게 적대감을 품고 미시아의 수령 아폴로니우스를 유다인들에게 보내 어떤 악행을 저지르도록 하였습니까?

4. [순교 이야기 - 90세의 엘아자르 2마카 6,18-31]

 - 고령의 율법학자인 엘아자르가 박해에도 불구하고 죽음을 의연히 택한 이유는 무엇 때문이라 하였습니까?

5. [유다 마카베오(8장) - 항전 준비 - 주님께 간청]

 - 유다 마카베오가 전쟁을 준비하면서 주님께 간청한 기도 내용을 옮겨 보세요.

6. [유다 마카베오의 승리와 성전 정화 10-13장; 유다 마카베오]

 - 유다 마카베오가 예루살렘 성전 정화를 한 때는 언제였습니까? 성전 정화 축제는 며칠간 이어졌습니까?

7. [니카노르 14,31-15,36; 유다를 공격함]

 - 니카노르가 유다를 공격해 왔을 때 유다는 부활들을 어떻게 격려하였습니까? 꿈에 오니아스와 예레미야가 나타난 영상에서는 죽은 이들이 산 이들을 위해 무엇을 해 주었습니까?

삶에 적용하기

※금육재와 단식재를 지키려니 주변 상황이 신경쓰일 때가 있습니다. 금육재와 단식재는 고기를 안 먹거나 한 끼 식사를 굶는 것 이외에도 금주나, 금연 등의 방법으로 실천할 수 있습니다. 또 그렇게 절약하여 모아진 것을 어려운 이웃을 위해 나누는 것이 중요합니다. 아래 맘도를 참고하셔서 금육재와 단식재를 현명하게 지켜보세요.

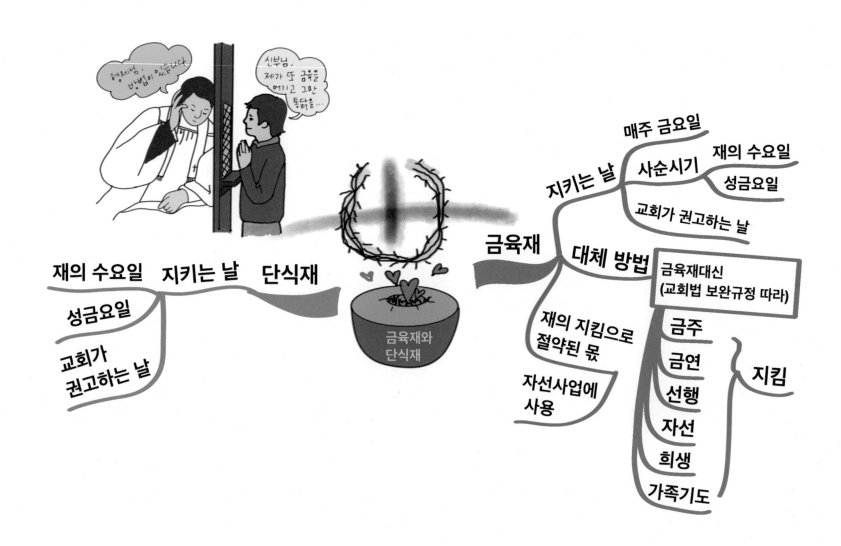

묻고 답하는 성경 여행 (50주 주간별 성경 읽기 안내)

주간	성경 목록	주간	성경 목록	주간	성경 목록	주간	성경 목록	주간	성경 목록
1	성경 개관 문제 창세기(1-24장)	11	사무엘기 하권	21	시 편	31	요엘서 아모스서	41	코린토 전서 코린토 후서
2	창세기(25-50장)	12	열왕기 상권	22	잠언 코헬렛	32	오바드야서 요나서·미카서	42	갈라티아서 에페소서
3	탈출기(1-18장)	13	열왕기 하권	23	아가 지혜서	33	나훔·하바쿡서 스바니야서 하까이서	43	필리피서 콜로새서
4	탈출기(19-40장)	14	역대기 상권	24	집회서	34	즈카르야서 말라키서	44	테살로니카 전서 테살로니카 후서
5	레위기	15	역대기 하권	25	이사야서(1-39장)	35	마태오 복음	45	티모테오 전서 티모테오 후서
6	민수기	16	에즈라기 느헤미야기	26	이사야서(40-55장) 이사야서(56-66장)	36	마르코 복음	46	티토서 필레몬서
7	신명기	17	토빗기·유딧기 에스테르기	27	예레미야서	37	루카 복음	47	히브리서 야고보서
8	여호수아기	18	마카베오 상권	28	애가 바룩서	38	요한 복음	48	베드로 1서 베드로 2서
9	판관기 룻기	19	마카베오 하권	29	에제키엘서	39	사도행전	49	요한 1·2·3서 유다서
10	사무엘기 상권	20	욥기	30	다니엘서 호세아서	40	로마서	50	요한 묵시록

색인

Nihil Obstat :
Rev. Pius Lee
Censor Librorum
Imprimatur :
Most Rev. John Baptist Jung Shin-chul, S.T.D., D.D.
Episcopus Dioecesanus Incheonensis
2018. 10. 11.

※이 도서는 가톨릭 인준 마크를 취득하였습니다.

맘도 몸도 성경 여행, 역사서

기획·제작: 작은형의 공부발전소
펴낸곳: (주)엘비엔터테인먼트
출판등록: 311-2007-000008호
전화: 02-3157-2115 / 팩스 : 02-3157-2101
주소: 서울시 은평구 대조동 84-115번지 2층
이메일: zzagun25@gmail.com
저자: 맘도 교리 성경 연구소
(이석재, 김미숙, 현상진)
펴낸날: 2018년 12월 24일
ISBN: 9791188473021 03230
홈페이지 : http://www.lb-ent.com
정가: 15000원